L'homme qui était bon

Léonard Merrick

Writat

Cette édition parue en 2024

ISBN : 9789359949840

Publié par
Writat
email : info@writat.com

Contenu

INTRODUCTION

Il y a un rafraîchissement rare dans les œuvres de Leonard Merrick ; gracieux mais distinctif, son style a un loisir raffiné rarement apprécié de nos jours où la perfection de la forme littéraire est au rabais. Son art est impossible à étiqueter ; presque seul parmi les écrivains d'aujourd'hui, il a la perspicacité et le courage d'admettre à la fois les faits impitoyables de la vie et d'affirmer malgré eux - à travers la faim et la solitude, l'injustice et la déception - que l'esprit peut rester ininterrompu ; que s'il n'y a aucune assurance de succès, il n'y a pas non plus de certitude d'échec.

Il n'y a aucune faiblesse sentimentale dans la méthode qu'il emploie. Un rare génie de l'humour tempère toute son œuvre ; il peut enregistrer la famine progressive d'un acteur sans travail dans une économie de phrases qui ne laisse aucune place à l'appel gratuit, retracer les efforts de longue haleine pour surmonter la pauvreté persistante avec une simplicité qui force la conviction. Sa plume n'est jamais aussi poignante ni aussi retenue que lorsqu'il nous montre une femme aiguisée et grossie par un labeur à bon marché. Mais tout au long du récit de lutte et de triomphe, de défaite et de réussite, persiste ce sentiment de quête éternelle qui raccourcit le chemin le plus difficile. Meurs-tu de faim aujourd'hui ? Une opportunité d'abondance peut vous attendre au coin de la rue, la chance de votre vie de descendre du prochain bus ; car Leonard Merrick ne s'intéresse pas aux gens aux revenus élevés et aux petits problèmes ; les hommes et les femmes dont il parle gagnent leur propre vie.

Ses succès les plus marquants concernent la vie scénique et il est en effet l'un des rares auteurs à convaincre de l'actualité du peuple théâtral. Il nous montre la choriste dans son appartement, dans les bars du Strand, à l'agence dramatique ; nous comprenons ses ambitions, nous familiarisons avec son courage invincible et sa capacité de camaraderie, et prenons même goût à l'odeur de la peinture grasse. Nous rencontrons la même fille par engagement, suivons son pèlerinage de Bloomsbury à Brixton à la recherche d'un logement toujours moins cher ; nous regardons la boue et l'humidité des rues tremper ses bottes inadéquates, endurer avec elle les affres de la faim mal apaisées par un chignon fugitif. Nous l'accompagnons chez le prêteur sur gages , et vivons les joies du combat avec un « oncle » récalcitrant qui refuse de prêter plus de dix-huit sous pour une blouse en soie. Et pourtant, le sens de l'aventure persiste, la réalité de la romance perdure, la joie du rire demeure. Nous sommes conscients de la compensation d'une occupation précaire par la suffisance, apprécions la grande vérité selon laquelle l'adversité d'aujourd'hui est atténuée par l'incertitude de demain, et peu importe l'acharnement de la lutte, l'acuité des difficultés - et de la faim - le sentiment de compagnons d'aventure et de consoles. Les auteurs qui ne s'intéressent qu'aux hommes et aux femmes jouissant d'une situation assurée et de revenus réguliers ont oublié la vérité qu'affirme si triomphalement Leonard Merrick. La romance ne respecte aucune personne. La liberté de la route, ses promesses, ses pièges, ses extases soudaines et ses mirages fugitifs n'est pas l'apanage des riches mais l'héritage du peuple.

Ses méthodes psychologiques séduisent par leur apparente simplicité ; tranquillement, avec une délibération délicate, il souligne les contours de ses personnages jusqu'à ce que, avec une décision soudaine et rapide, en prononçant une phrase, en accomplissant une de ces petites choses qui sont les véritables révélations de la vie, il vous montre l'âme de l'homme. ou une femme dont il a si soigneusement représenté les extérieurs. Des paroles et des actes à moitié oubliés se pressent dans la mémoire, comme dans *L'Homme qui était bon* lorsque Carew fait appel à Mary pour sauver son enfant – et celui de sa rivale. Il fallait le génie de Merrick pour faire comprendre que le point culminant de la trahison n'était pas atteint par l'abandon par l'homme de la femme qui l'aimait, mais par l'exploitation pitoyable de cet amour.

Je ne connais aucun auteur avec une compréhension plus subtile de la femme, de sa générosité et de sa méchanceté, de son étrange réticence, de sa candeur étonnante . Mary Brett an, cette tragédie de la fidélité invincible, n'aurait pu être représentée que par un homme capable de sentir la capacité féminine de courage muet. On sent que si elle avait fait un geste de révolte, Marie serait délivrée de la paralysie d'une constance stérile ; et l'on sait que les femmes de son genre ne pourront jamais faire le dernier défi.

Leonard Merrick a le don inimitable de faire vivre à ses lecteurs les émotions qu'il dépeint. Le goût de l'aventure vous saisit, comme il saisit le héros de *Conrad dans La Quête de sa jeunesse* , peut-être le plus grand de ses triomphes. Nous partageons avec cet amant parfait ses doux regrets et ses ardeurs d'anticipation ; nous attendons avec une attente tremblante devant le petit restaurant de Soho sa charmante Lady Parlington , tombant avec lui - d'une confiance légère à une incertitude écoeurante à mesure que le temps passe et qu'elle ne vient toujours pas. La même dynamique émotionnelle anime toute son œuvre ; son humour incomparable nous fait aimer la moindre de ses créations. Ses adorables logeuses deviennent nos amies, ses « messieurs ambulants » nos proches. Je ne sais pas encore aujourd'hui si j'ai rencontré certaines de ces créatures célestes dans la vie ou dans les romans de M. Merrick, et il est difficile d'entrer dans un logis de théâtre sans avoir le sentiment de vivre la dernière histoire de *L'Homme qui comprenait les femmes* . ou revisiter les premiers débuts de Peggy Harper.

Londres a de nombreux amants, aucun n'est aussi intime avec ses attraits que Leonard Merrick. Il sait que le glamour de ses trottoirs de minuit, la faim de ses rues bruyantes et les enchantements de sa rivière grise l'ont attiré. Il a ressenti le charme feuillu de son luxe, le plaisir constant de ses espaces verdoyants, et les ruelles intrigantes de Fleet Street lui sont familières et chères. Pour les banlieues, il est d'une gentillesse infinie et a accompagné l'aventure dans de nombreux tramways en quête.

Il a longtemps été une difficulté insurmontable d'obtenir les romans de M. Merrick ; pendant des années, j'ai essayé de trouver un exemplaire de *Conrad* , et de chaque libraire j'ai été renvoyé vide. Dans un moment de folie , j'ai prêté mon propre exemplaire à un voisin — je ne peux pas l'appeler ami — qui a immédiatement adopté le volume comme son bien le plus précieux et, sans se laisser décourager par la sauvagerie ou les menaces, a refusé de l'abandonner. Et maintenant, après une longue attente, je suis ravi d'une réédition de ces œuvres incomparables, et de savoir qu'un public toujours croissant, trop longtemps privé de l'occasion de faire connaissance, partagera mon plaisir. Loin du cauchemar du roman à problèmes, ses livres se concentrent sur des choses humaines simples savourées avec le sel rare de son humour ; et que ce soit dans les banlieues ou dans les bidonvilles, à Soho ou au Strand, qu'ils soient prospères ou affamés, les hommes et les femmes dont il parle sont touchés par ce grand courage, cette belle camaraderie qui est l'essence même du roman.

JK PROTHERO.

CHAPITRE I

Il y avait trois femmes dans la loge. La petite Miss Macy, qui jouait le rôle d'un subalterne, enlevait son uniforme ; et la « duchesse », dépouillée de velours, se tenait debout en époussetant ses cheveux. La troisième femme ne faisait rien. Dans une chaise près du panier théâtral intitulé "Miss Olive Westland's Tour: 'The Foibles of Fashion' Co.", elle était assise face aux autres, les mains oisives sur ses genoux. Elle n'était guère ce qu'on appelle « belle », encore moins ce qu'il faudrait appeler « jolie » ; peut-être que « féminin » était plus proche de la suggérer que l'un ou l'autre. Ses yeux n'étaient pas grands, mais ils étaient si pensifs ; sa bouche n'était pas petite, mais elle se courbait si tendrement ; le visage n'était pas régulier, mais il paraissait si délicieusement doux. Quelqu'un avait dit un jour que cela « lui faisait admirer Dieu » ; en la regardant, il semblait si parfait qu'il y ait un sourcil bas et blanc et des cheveux pour l'ombrer ; cela semblait une chose si exquise et consommée qu'il y ait des lèvres là où le Créateur a mis les lèvres, et un menton là où le menton est modelé. Elle aurait pu avoir vingt-sept ans, mais aussi trente ans. Le sage ne remet pas en question l'âge de la gentille femme : il remercie simplement le Ciel qu'elle vive ; et elle, assise sur la chaise près du panier, était décidément gentille. D'autres femmes l'ont dit.

"Avez-vous été devant, Mme Carew ?" demanda la « Duchesse ».

Elle a répondu que oui. "J'ai repris conscience à la fin. C'était une très bonne maison ; les affaires s'améliorent."

"Je devrais penser", remarqua la "subalterne", en attrapant sa jupe, "vous devez connaître chaque ligne de la pièce, les fois où vous l'avez vue ! Mais, bien sûr, vous n'avez rien d'autre à faire."

"Non, ce n'est pas gai de rester seul toute la soirée dans un logement; et c'est plus à l'aise dans le cercle que derrière. Comment vous parvenez à vous habiller dans certains théâtres me laisse perplexe; je vous regarde de face, me souvenant où tes affaires étaient mises, et émerveille-toi. Si j'étais dans le métier, mon salaire ne me maintiendrait pas dans les robes que j'ai ruinées.

"Je me demande que Carew n'a jamais voulu que tu te lances dans cette affaire."

La gentille femme rit.

"Faites carrière dans le métier !" s'écria-t-elle. "Moi ? Mon Dieu, quelle idée ! Non ; Tony a une opinion très flatteuse des capacités de sa femme, mais je ne pense pas que même lui aille jusqu'à imaginer que je puisse jouer."

"En tout cas, vous seriez aussi bon qu'une certaine grande dame que nous connaissons. Personne ne pourrait être bien pire que notre respectée directrice, je prêterai serment!"

"Jeannie", dit sèchement la "Duchesse", "ne vous disputez pas avec votre pain et votre beurre!"

"Je ne le suis pas", dit la jeune fille; "Je le critique , c'est une tout autre affaire, ma chère. Je déteste ces amateurs avec de l'argent, même s'ils suppriment des entreprises et nous donnent des magasins à des pros. Elle déteste la meilleure réplique que j'ai dans l'article tous les soirs. parce qu'elle ne veut pas parler et personne ne sait à quoi cela sert. Le vrai type d'« actrice confidentielle » est Miss Westland ; aucun danger qu'elle *permette* à quiconque dans le public d'entendre ce qu'elle dit !

"Tony pense qu'elle s'en sortira bien," dit Mme Carew, "quand elle aura plus d'expérience. Vous aussi, n'est-ce pas, Mme Bowman ?"

La « duchesse » répondit vaguement que « l'expérience faisait beaucoup ». Elle avait profité de ses propres profits et, à l'époque de sa carrière de « mère aristocratique », elle ne sondait plus dans les vestiaires les capacités des pouvoirs qui payaient le trésor.

"Monter?" » fit écho Jeannie Macy, se débattant dans sa veste, « bien sûr qu'elle s'en sortira ; elle a ouf ! Si elle a beaucoup de choses, vous la verrez bientôt avec son propre théâtre à Londres. influence ou talent, il faut que vous ayez un des trois dans le métier, et comme raccourci donnez-moi l'un ou l'autre des deux premiers. Faites de beaux rêves tous les deux, j'ai un souper chaud qui m'attend, et je je peux sentir que ça se gâte d'ici !" La porte claqua derrière elle ; et Mme Carew se tourna vers la « Duchesse » avec un sourire.

« Vous viendrez nous voir après, n'est-ce pas ? dit-elle.

"Oui, Carew a demandé au mari le matin : j'espère qu'il a quelques sous, je lui ai rappelé. C'est tellement embêtant de devoir tenir compte de notre situation après chaque transaction. Nous serons vers midi et demi. Y allez-vous?"

« Je devrais penser que Tony devrait être prêt maintenant. Tu te souviens de notre numéro ?

"Neuf?"

"Neuf; en face du boulanger ."

Mme Carew fredonna un petit air et descendit les escaliers. La scène, qu'elle voyait de passage, était sombre, car les feux de position étaient éteints, et dans le T-shirt, un seul jet de gaz flamboyait en bleu entre l'étendue nue des planches et l'obscurité de la salle vide. Dans le couloir, un homme, sortant en toute hâte de la chambre des étoiles, faillit se heurter à elle ; M. Seaton Carew portait toujours les vêtements dans lesquels il avait terminé la pièce et il ne s'était pas encore démaquillé.

"Quoi!" " Cria-t-elle, " tu n'as pas changé ? Comment ça va ? Qu'as-tu fait ? "

"J'ai parlé à Miss Westland", expliqua-t-il précipitamment. " Elle voulait me voir pour quelque chose. N'attends plus, Mary, je dois monter avec elle chez elle. "

Elle hésita un moment, surprise.

"Est-ce si important ?" elle a demandé.

"Oui", dit-il; "Je t'en parlerai plus tard ; je veux avoir une conversation avec toi après. Je ne serai pas long."

Chaque fois qu'elle venait au théâtre, qui avait lieu quatre ou cinq fois par semaine, ils revenaient naturellement ensemble, et elle aimait la promenade au grand air, « après le spectacle », avec Tony. Trois années de familiarité avec cette coutume n'en avaient pas détruit pour elle le charme. Ce soir, elle est sortie un peu inconsolable dans les rues de Leicester. Le gaz était déjà allumé quand elle arriva à la maison, et un feu – car c'était le mois de mars – brûlait clairement dans la cheminée. Le logement n'était pas très étendu : un petit salon au rez-de-chaussée et une chambre à l'arrière. Sur la cheminée du salon se trouvaient des photographies décolorées de personnes qui y avaient séjourné : M. Delancey dans le rôle du Roi d'Argent ; Miss Ida Ryan, fumant une cigarette, dans le rôle de Sam Willoughby. Elle ôta son manteau et, tournant le dos à la table du souper, se demanda sur quoi portait cette conférence avec Miss Westland.

L'ennui du retard commençait à se faire sentir. La logeuse avait apporté son livre de témoignages dans l'après-midi, pour demander le leur à M. et Mme Carew ; et, le prenant là où il était posé, elle commença à en tourner les feuilles avec indifférence. Ces livres étaient abominables par Carew, car il ne savait jamais quoi écrire ; et, en parcourant les commentaires de celui-ci, elle était mentalement d'accord avec lui sur le fait qu'il n'était pas facile de trouver un juste milieu entre la brusquerie et l'exagération. Elle en reconnut certains , sachant avant de regarder quelles signatures étaient apposées. La citation « Reste encore un peu, je reviendrai » qu'elle avait vue au-dessus du même nom dans une vingtaine de logements, et il y avait deux ou trois « impromptus » en rimes qu'elle avait rencontrés auparavant.

Elle avait été très heureuse cette fois à Leicester. Ils étaient arrivés le jour anniversaire de leur première rencontre avec Tony, et elle s'était sentie de plus en plus tendre envers lui toute la semaine. La logeuse n'avait certainement pas fait le bonheur, mais son locataire était tout à fait disposé à lui en faire profiter une partie. Elle trempa la plume dans l'encre et écrivit d'une main audacieuse et droite : « La semaine passée dans les appartements de Mme Liddy sera toujours un souvenir agréable pour M. et Mme Seaton Carew. Puis elle a mis la date en dessous.

Elle venait juste de finir quand Mme Liddy entra avec la bière. L'Irlandaise a dit qu'elle allait se coucher, mais que Mme Carew trouverait d'autres verres dans le placard lorsque ses amis viendraient. Elle supposait que c'était tout ?

Il était maintenant midi, et Mme Carew, jetant de temps en temps un coup d'œil au bœuf froid et au coin de riz au lait, commença à se promener dans la pièce. Bientôt, elle s'arrêta et écouta. Un sifflement lui était parvenu du dehors, ce sifflement à huit notes qui est l'appel de l'acteur. Elle supposait que le jeune Dolliver avait oublié leur numéro, comme il le faisait dans toutes les villes. Elle écarta le store et laissa la lumière briller. C'était le jeune Dolliver.

« J'ai sifflé tout le long de la route », dit-il, désolé ; "que faisiez-vous?"

"Eh bien, ce n'est pas mal", rit-elle. "Pourquoi ne te souviens-tu pas des adresses comme tout le monde ?"

"Je ne peux pas", a-t-il déclaré ; "Je ne pourrai jamais ! Je ne saurai jamais moi-même où je loge si je n'en prends pas note dès que j'entre. À Jarrow , un lundi, j'ai dû errer partout pendant trois heures mortelles dans le il pleuvait à verse, je cherchais quelqu'un dans la compagnie pour me dire où j'habitais. Bonjour ! Où est Carew ?"

"Il viendra directement", dit-elle. "Asseyez-vous."

"Oh ! je suis terriblement désolé d'être venu si tôt", s'est-il exclamé ; "Eh bien, tu ne t'es pas nourri ou quoi que ce soit."

C'était un garçon au visage brillant, avec un bavardage joyeux, et elle était heureuse qu'il soit apparu.

« J'attends les Bowman d'une minute à l'autre », lui assura-t-elle ; " Vous n'êtes pas en avance. Asseyez-vous, c'est un bon enfant, et ne restez pas à tripoter votre chapeau ; mettez-le sur le piano ! Vous êtes-vous banqueté ? "

"À rassasiement. Qu'avez-vous pensé de l'annonce de Carew dans le Great Sixpennyworth samedi ? N'était-ce pas fanfaron ? " Le rôle trouve un représentant idéal en la personne de M. Seaton Carew, un acteur qui se fraye rapidement un chemin dans les premiers rangs de la son métier'!"

« Une ligne et demie, dit-elle, par un correspondant provincial ! Je ne serai satisfaite que... eh bien !

"Je sais... jusqu'à ce que vous le voyiez avec seize lignes à lui tout seul dans le *Telegraph* ! Il ne le fera plus, j'imagine. Il est brûlant de succès, n'est-ce pas Carew... faites n'importe quoi pour cela. Moi aussi ; j'aimerais jouer Claude."

« Claude ? » s'exclama-t-elle. "Eh bien, tu es drôle !"

"Pas par disposition", a-t-il déclaré. " C'est Miss Westland qui fait que je suis drôle. Quand ils ont dit 'un petit rôle de comédie est encore vacant', j'ai dit que les petits rôles de comédie sont mon point fort ! Si c'était un 'vieil homme' qui était recherché, je devrais Je me suis déclaré né avec une cuscute. Mais s'il s'agit d'un choix – de la tendance secrète du feu sacré – je suis plombé, je suis romantique, j'ai des entrées centrales sous les feux de la rampe. Regardez ici : « Une vallée profonde, exclue par Alpine... » Non, attends une minute ; tu fais les affaires de Langtry et tu laisses tomber les fleurs, pendant que je « peins la maison ». Savez-vous que mon opinion personnelle est que Claude n'a pris ces leçons que pour que la veuve n'ait pas à faire de dépenses pour l'entretien de la maison. Elle n'a pas de fleurs ? Autre chose alors : où sont les cartes ?

Il trouva le paquet sur le buffet et en fourra quelques-uns dans sa main.

« Cela fera l'affaire pour les fleurs », dit-il ; "touche- les avec amour ; pense que tu fais une bonne sieste.

"Ne sois pas si ridicule !"

"Je ne le suis pas", a déclaré Dolliver avec dignité; "Je veux vraiment connaître votre point de vue sur mes lectures. Où étais-je... euh... euh...

"'Près d'un lac clair bordé de fruits d'or
et de myrtes chuchotants; enveloppant des cieux les plus doux, sans nuages, sauf avec des ombres rares et rosées... Comme je voudrais ton sort.'

" Vous voyez, je fais une pause après les " ombres ", je suis naturel. Je regarde avec hésitation les chars, les bordures et un chevreau dans la fosse. Puis je croise les yeux de la belle Pauline et je termine par " Comme J'aurais ton sort », souriant rêveusement devant l'excellence de la comparaison. C'est un nouveau point, je suppose ?

Il était sérieusement épris de son « nouveau point », et il en parlait encore lorsqu'ils entendirent Carew ouvrir la porte de la rue.

C'était un homme de l'âge de la femme qui entra. Son visage était rasé de près et ses cheveux étaient un peu plus longs que ceux de la plupart des hommes. Maintenant qu'il était vu sous un bon jour, il était évident qu'il était troublé ; mais il serra la main de Dolliver comme s'il était soulagé de le trouver là.

"Quoi, tu n'as pas dîné ? Tu dois mourir de faim, Mary ?"

"J'ai *assez* faim", a-t-elle admis; "n'est-ce pas ?"

"Eh bien, j'ai eu quelque chose, mais je vais quand même venir à la table."
Elle avait l'air déçue et il releva sa chaise. « Dolliver ?

"Rien pour moi, merci. Oh ! un verre de bière, je n'y vois pas d'inconvénient."

Malgré ses affirmations, Mary ne fit pas de grands progrès dans son souper,
et l'inquiétude évidente de Carew atténua même la bavarderie du garçon. Ce
n'est que lorsque les Bowman arrivèrent et qu'une partie de Napoléon eut
commencé que la légère retenue causée par ses manières disparut.

M. Bowman, se souvenant de l'injonction de sa femme, s'était muni de
plusieurs shillings de cuivre, et, profitant de sa prévoyance, chacun des
participants partit avec un rouleau de pence. Ces soirées de cartes
occasionnelles après le spectacle étaient devenues une institution dans la
compagnie « Les Foibles de la Mode », et il était rare que quelqu'un les trouve
coûteuses. Le capital de Marie, cuivres compris, était la moitié d'un souverain,
et avoir gagné ou perdu une telle somme lors d'une séance aurait été le sujet
d'allusions pendant un mois. Ce soir-là cependant, la chance fut curieusement
inégale, et, à la surprise de tous, Dolliver se trouva perdre sept shillings avant
d'avoir joué une demi-heure. Beaucoup de sympathie a été exprimée pour
Dolliver.

"Peu importe, mon cher garçon, c'est toujours une erreur de gagner tôt dans
la soirée", a déclaré Carew. « Il reste tout le temps. Je passe mon tour ! »

"Passez", dit la "Duchesse".

Marie en appela trois et les fit.

"Comment vous portez-vous, Mme Carew ?" » demanda Bowman.

" Je suis à peu près le même qu'au début. Tony, M. Bowman n'a rien à boire.
— Oh, quel dommage, Dolliver ! — merci ! Faites le plein, n'est-ce pas ? —
C'est un parfait martyr. , ce garçon, » continua-t-elle ; "Il a débarrassé la table
avant que vous n'entriez, n'est-ce pas ?"

"Quatre!" s'écria Dolliver. "Oui ; je l'ai magnifiquement nettoyé. Les services
publics sont mon secteur d'activité."

"Depuis quand ? Je pensais tout à l'heure———"

"Oh, des confidences, Mme Carew !" Il est devenu écarlate. "Ne me trahissez
pas !... Maintenant, Mme Bowman, qu'est-ce que ce sera ?"

Elle jouait de l'atout et menait avec un roi.

Un moment haletant, couronné par un « petit » insoupçonné de Dolliver. Ses
« quatre » étaient en sécurité et il s'appuya en arrière, radieux.

La « Duchesse » se préparait à négocier.

"Qui a l'adresse de la prochaine ville ?" elle a demandé.

"Tu n'as pas encore écrit ?"

"Non, nous n'avons pas d'endroit où écrire ; c'est odieux, n'est-ce pas ? S'il y a une chose que je déteste, c'est de devoir chercher des chambres après notre arrivée. Nous sommes - passe ! - toujours restés dans le même maison, et... que tout le monde remette le cagnotte !... et maintenant la femme est partie, ou quelque chose comme ça .

"Maintenant, Carew, ne dors pas !"

Carew, ainsi conjuré, rassembla les cartes. Par intermittence, il était presque redevenu lui-même, et seule Mary était vraiment sûre que quelque chose n'allait pas.

"Il y a un petit hôtel où je me suis arrêté là-bas", a-t-il déclaré. " Pas mal du tout, on vous trouve tout pour vingt-cinq bobs par semaine ; pour deux personnes, il y aura une réduction aussi. Rappelez-moi, et je vous donnerai le nom ; je l'ai dans mon livre. Bowman , c'est à vous d'appeler!"

Bowman n'a rien appelé ; tout le monde est repassé et le chat a été agrandi une fois de plus.

« À quelle heure partons-nous dimanche ? Quelqu'un sait ? »

"Vous pouvez être sûr", a déclaré Bowman, "que cela se produira à une heure surnaturelle. J'ai de nombreuses années d'expérience dans la profession, mais je n'ai jamais été de ma vie dans une entreprise où l'on faisait autant de choses." des voyages de nuit comme ils le font dans celui-ci. Je crois que ce petit étranger l'organise exprès !

« Un vrai manager par intérim, n'est-ce pas ? J'ai connu un autre gars du genre... deux, j'appelle deux... et puis, à la fin de la tournée, j'ai été pendu s'ils ne nous pressaient pas pour une présentation à lui!"

" C'est ce qu'ils feront pour ce type. Les présentations dans la profession, sur mon âme, sont les... "

"Trois", dit la "Duchesse".

"Et le moment venu, aucun membre de la foule n'aura le courage de refuser. Vous voyez!"

"Avez-vous déjà connu un acteur qui l'avait fait, quand on lui a demandé ?"

Dolliver rougit avec enthousiasme.

"Sieste!" il s'est excalmé.

"Oh, oh, oh ! Dolliver fait une sieste !"

"Non, vous le pensez vraiment ? Très bien, tirez en avant, alors ; jouez !"

Il y eut deux minutes de silence et le jeune frappa sa dernière carte, se préparant à sourire pour la défaite.

"Il a réussi ! Mme Bowman, vous l'avez jeté ; si vous aviez joué aux cœurs, à la place——"

"Non, non, elle n'a pas pu s'en empêcher. Elle a dû emboîter le pas."

" Bien sûr ! " - la " Duchesse " saisit faiblement l'explication - " J'ai dû emboîter le pas. Quelle récolte ! mon Dieu ! "

"Cela te remet encore une fois, hein, mon cher garçon ?"

« Je suis redevenu la grande maison de Lyon ! » remarqua Dolliver en empilant les sous. "Six, sept, huit ! Regardez l'argenterie, grand Scott ! Mme Carew, voilà les neuf pence que je vous dois."

"'J'ai payé cette femme et je ne lui dois rien'", a cité Carew. "Dolliver, tu m'as ruiné, espèce de mendiant ! Où est le 'bacca ?"

Vers trois heures moins, on murmura qu'il était tard, mais la perdante était maintenant Mme Bowman, et comme ses shillings étaient tombés dans la possession de Mary, l'hôtesse a dit qu'il n'était vraiment pas tard du tout. Cela régla la question de la rupture pendant une demi-heure. Bowman a alors commencé à parler de conclure le match après quelques tours. Lorsque deux de ces arrangements eurent été conclus et réduits à néant, la « duchesse » proposa d'en finir à la prochaine « sieste ». "Terminer à la prochaine sieste" était un euphémisme pour dire continuer longtemps, et la résolution fut adoptée à l'unanimité.

L'horloge avait sonné quatre heures lorsque la sieste a été faite, et la gagnante était Mary. Elle avait gagné plus de six shillings, et la « duchesse », qui était la plus pauvre par ce montant, souriait avec une résignation endormie.

"Vous avez eu de la chance après tout, Mme Carew", a ri Dolliver. "Bonne nuit."

"Oui," dit-elle négligemment; « De toute façon, j'ai fait quelque chose entre moi et le workhouse ! Bonne nuit.

Elle flânait dans la pièce, apportant de petites touches sans but aux choses, pendant que Carew accompagnait le trio vers la porte. Elle l'entendit fermer derrière eux et entendre leurs pas s'affaiblir sur le trottoir. Son retour était lent, étrangement lent. La voix de Dolliver lui parvint, prenant congé des Bowman au coin, et il n'était toujours pas entré.

« Tony ! » elle a appelé.

Il la rejoignit presque au moment où elle parlait.

« Ne te couche pas, Mary, » dit-il d'une voix rauque ; "J'ai quelque chose à te dire."

"Qu'est-ce que c'est?" elle a demandé.

Il hésita un instant, cherchant une phrase d'introduction. L'agitation contre laquelle il avait combattu toute la nuit l'avait vaincu.

"Ma libération est enfin arrivée", répondit-il. "Ma femme est morte."

"Mort?"

Elle le regardait avec des yeux dilatés, la couleur disparaissant de ses joues.

" Elle a été malade quelque temps. C'était boire, à ce que j'entends ; j'ose dire ! De toute façon, elle est partie ; l'erreur est terminée. Je l'ai payé assez cher, Dieu sait ! "

Il s'était arrêté à mi-chemin entre elle et le foyer, et il se dirigea vers le foyer. Elle ressentit un vague pincement au cœur à ce moment-là. Un silence tendu suivit ses paroles. Pensant qu'elle n'avait pas pu s'échapper, la femme qui avait payé plus cher encore son erreur avait parfois imaginé un tel moment, l'avait parfois prévu lui criant qu'il était libre. Peut-être que, maintenant que le moment était venu, c'était un peu insuffisant, un peu plus nu que l'annonce de liberté qu'elle avait imaginée.

"Vous en ressentirez forcément le choc", dit-elle, d'une voix presque inaudible. "C'est toujours un choc, l'annonce d'un décès." Mais elle estimait que la charge de la parole devait lui incomber. « Étiez-vous… aviez-vous beaucoup d'affection pour elle ? Est-ce que ça revient ?

"J'avais vingt ans. 'Amour' ? Je ne sais pas. Je n'étais pas avec elle trois mois quand… Elle avait parcouru Liverpool à pied ; je ne l'ai jamais vue depuis le jour où je l'ai découvert. Elle ne voulait pas de moi ; l'argent lui suffisait… pour en être sûr chaque semaine !

Son attitude restait inchangée, ses mains enfoncées profondément dans les poches de son pantalon. Face à face, tous deux reviennent sur le passé. Elle attendait qu'il vienne vers elle, qu'il la touche. Oui, la réalité était plus nue que l'image qu'elle avait vue.

"Quand était-ce?" murmura-t-elle.

"C'était il y a quelques semaines."

"Si longtemps?"

Il quitta le foyer d'un air maussade et commença à arpenter la pièce d'un bout à l'autre. La femme ne bougeait pas. Elle avait le souvenir du matin où il avait avoué ce mariage, de l'agonie qui lui avait pleuré de pitié, du fermoir qui ne la laissait pas partir. Elle regarda le feu d'un air distrait ; mais dans son cœur, elle voyait chacun de ses pas et comptait les détours qui l'éloignaient d'elle.

"Cela fait une grande différence !" dit-il brusquement.

La conscience de la différence envahissait sa raison, mais elle ne parlait pas. Ce n'est pas elle qui devrait aborder la sanctification de son sacrifice. Le souhait, le rappel, la réparation, tout devrait être à lui ! Elle acquiesça.

"Une grande différence", répéta-t-il d'une voix rauque. Il a enduit l'humidité de sa bouche et de son menton. "Si—si ma réputation était faite maintenant, Mary, je devrais te demander d'être ma femme."

Et puis elle n'a pas parlé. Il y eut un instant où le mur nagea devant elle dans une brume et le sol vacilla. Dans la suivante, elle était toujours devant la cheminée ; elle le regardait avec la même attention ; et sa voix résonnait de nouveau, même si elle l'entendait sourdement :

"... tandis qu'un pauvre duc ne peut pas choisir ! Je voudrais... je te demanderais de m'épouser. Je sais ce que tu as été pour moi... je n'oublie pas... je le sais très bien ! Mais, en l'état, ce serait de la folie... ce serait me mettre une corde autour du cou. Je veux que vous sachiez où je me trouve. Je veux que vous écoutiez les circonstances... »

"Tu ne feras pas amende honorable ?"

"Je vous le dis, je ne suis pas mon propre maître."

— Tu me dis que... que nous allons nous séparer ! Nous ne pouvons plus rester ensemble si je ne suis pas ta femme.

"Nous ne pouvons plus du tout rester ensemble ; c'est là que j'en viens." Il retourna vers la cheminée et s'y accouda en frappant les charbons à moitié ardents. "Je vais épouser Miss Westland !"

Il l'avait dit; l'écho de la parole chantée dans ses oreilles. Derrière lui, sa silhouette était immobile – c'est... le calme lui faisait peur. Intensifiée par le tic-tac tumultueux de l'horloge, à travers lequel ses pouls étaient tendus pour le soulagement d'un bruissement, d'une respiration, la pause devint insupportable.

"Pour l'amour de Dieu, pourquoi ne dis-tu pas quelque chose ?" il s'est exclamé. Il lui fit face impétueusement et ils se regardèrent de l'autre côté de la table. " Mary, c'est ma chance dans la vie ! Elle tient à moi, tu ne vois pas ? Tu me prends pour une canaille, tu ne vois pas quelle chance c'est ? À quoi puis-je arriver tel que je suis ? Avec elle... elle "Je vais continuer, elle a de l'argent, je me lèverai, je serai directeur, j'arriverai à Londres à temps. Mary!"

"Vous allez... épouser Miss Westland ?"

"Je dois le faire", dit-il.

Pendant la moindre seconde, c'était comme si elle avait du mal à comprendre. Puis elle écarta les mains avec vertige en criant.

"Voilà donc ce qu'était votre amour : un mensonge, un mensonge honteux ?"

"Ce n'était pas le cas ; non, Mary, c'était réel ! Je tenais à toi, je le faisais ; la chose m'est imposée !"

Et je vous ai plaint – vous m'avez tordu l'âme avec votre désespoir – je vous ai pardonné d'avoir gardé si longtemps cette histoire. Je suis venu vers vous pour être votre femme, et tu t'es mis à genoux et j'ai juré que tu n'avais pas eu le courage de me le dire avant, mais ta femme vivait, une femme horrible dont tu ne pouvais pas divorcer. Je me suis donné à toi, je suis devenu la chose dont tu peux dehors, tout cela parce que je t'aimais, tout cela parce que je croyais en ton amour pour moi. Elle s'est prise à la gorge. "Tu l'as bien mérité, n'est- ce pas ? Tu le justifies maintenant si noblement, la foi qui a fait de moi un..."

"Marie!"

"Oh, je peux le dire !" » éclata-t-elle hystériquement. "Je *le suis* , tu sais ; tu as fait de moi un – toi et ton 'amour' ! Pourquoi ne devrais-je pas le dire ?"

"Je vous ai dit la vérité ; si j'avais été libre à ce moment-là..."

— Quand avez-vous appris la nouvelle du décès ? Répondez-moi, ce n'était pas ce soir ?

"Quelle est la différence," marmonna-t-il, "quand j'ai entendu ?"

"Oh!" gémit-elle, "éloigne-toi de moi, ne t'approche pas de moi ! Espèce de lâche !"

Elle se laissa tomber sur le bord du canapé, se balançant d'avant en arrière . L'homme errait sans but. Une ou deux fois , il lui jeta un coup d'œil, mais elle n'y prêta aucune attention. Sa pipe était sur le buffet ; il le remplissait maladroitement et tirait nerveusement dessus.

Il fut le premier à reprendre la parole.

" Je sais que j'ai l'air d'un chien, je sais que tout cela a l'air très mauvais ; mais je ne pense pas qu'il y ait un homme sur cinq cents qui refuserait une telle opportunité, pour autant. Non, ni un sur cinq mille non plus ! Vous Je ne le verrai pas sous un jour sans préjugés, bien sûr ; mais il me semble – oui, c'est le cas, et je ne peux m'empêcher de le dire – que si vous m'aimiez vraiment autant que vous le pensez, si mes intérêts étaient très cher, tu me conseillerais toi-même de sauter sur l'occasion et, de plus, d'être sincèrement heureux qu'une perspective de succès se présente sur mon chemin... Tu sais ce que cela signifie pour moi, dit-il. sur querelleur; « Vous êtes dans la profession depuis au moins aussi bien que dans la profession depuis trois ans ; vous savez que, dans le cours ordinaire des événements, je ne devrais jamais atteindre plus haut que je ne suis, jamais jouer à Londres de ma vie. Vous savez que je suis allé aussi loin que je pouvais espérer sans influence pour me soutenir, que dans dix ans je serais exactement ce que je suis maintenant, un homme de premier plan pour des tournées de second ordre; et que dix ans plus tard, je jouerais aux pères lourds, ou Dieu sait quoi, encore en route et finis pour le feu tout éteint, éteint et éteint dans les provinces. Voilà ce que ce serait, vous m'avez entendu le répéter et encore une fois ; et je devrais continuer à voir le fils de Miss Quelqu'un et la fille de M. Quelqu'un d'autre, avec les noms de leurs parents pour leur obtenir des engagements, jouant des rôles importants dans les théâtres de Londres avant qu'ils aient appris à traverser une scène. Miss Westland est une jolie fille, et elle connaît beaucoup de gens de la haute société en ville ; et elle a assez d'argent pour y monter un théâtre quand elle a un peu perdu son côté amateur. Tout de suite, je serai quelqu'un aussi : je gérerai ses affaires. Je ferai une grosse annonce, dans *The Era* chaque semaine : « Pour les dates vacantes, postulez à M. Seaton Carew ! » Oh, Mary, c'est une telle chance, un tel ascenseur ! Je *t'aime* , tu le sais ; Je tiens plus à ton petit doigt qu'au corps et à l'âme de cette femme. Ne me croyez pas insensible ; c'est damnable que je doive me comporter ainsi – cela enlève toute la lumière, toute la chance, à un chemin si difficile. J'aimerais que tu saches ce que je ressens."

"Je pense que je sais," dit-elle amèrement, "mieux que toi, peut-être. Tu te souviens avec quelle facilité tu aurais pu tenter ta chance si tes prières envers moi avaient échoué. Et tu es en colère contre moi dans ton cœur parce que la honte que vous ressentez gâche une grande partie du plaisir maintenant.

Il fut humilié de reconnaître que c'était vrai. Ses paroles décrivaient une nature méchante et son ressentiment s'est approfondi.

« Quand l'avez-vous dit à Miss Westland ? elle a hésité.

"Dis-lui?"

"Ce que je suis. Que je ne suis pas... Quand était-ce ?"

"Ce soir. Cela ne vous gênera pas; je veux dire, elle n'en parlera à aucun des autres. Personne ne le saura pendant..."

« Toute la compagnie le saura peut-être demain ! répondit-elle en s'essuyant les yeux. « Voyant que je serai parti, ils pourraient tout aussi bien le savoir demain que plus tard. Oh, comme ils parleront tous, comment ils parleront de moi – les Bowman et ce garçon aussi ! »

"Tu seras parti demain, qu'en dis-tu ?"

"Pensez-vous———"

"Marie, il y a... il faut que j'en fasse... bon Dieu ! comment iras-tu ?... où ? Marie, écoute : tout à l'heure, quand quelque chose sera réglé, dans... dans un mois ou plus, je veux m'arranger pour envoie... je ne pouvais pas te laisser manquer d'argent, tu ne vois pas !"

"Je ne vous prendrais pas un sou," dit-elle, "pas la valeur d'un sou, si je mourais. Je ne le ferais pas, comme le Christ m'entend ! Notre vie ensemble est terminée, je m'en vais."

Il la regarda consterné.

"Maintenant," éjacula-t-il, "tout de suite ? Au milieu de la nuit ?"

"Maintenant, tout de suite, au milieu de la nuit."

"Soyez raisonnable" (il lui attrapa les doigts et les tint dans un langage misérable) "attendez jusqu'au jour, en tout cas. Vous êtes hors de vous, il n'y a rien à gagner. Le matin, s'il le faut ... "

"Oh!" " Tu pensais que je m'arrêterais ici une heure après ça ? Tu... tu le pensais ? Toi, mec ! Oui, je ne devrais pas être pire pour toi, mais pour moi, la bassesse de tout ça ! Tout cela en un instant. " la bassesse de cela ! J'ai essayé de sentir que nous étions mariés ; j'ai toujours cru que c'était votre problème que je devais être ce que j'étais. Si vous l'aviez jamais entendu, dès que c'était possible, j'ai pensé à chaque minute : " "

Elle retira sa main et entra en titubant dans la chambre. Là, il faisait tout à fait sombre et, tremblante, elle cherchait à tâtons des allumettes et une bougie. Un petit sac, peint avec les initiales de « Mary Brettan », son propre nom, se trouvait sous la table de toilette. Elle le retira et, se mettant à genoux devant la malle qui contenait ses vêtements, y enfonça en hâte un peu de linge de première qualité. Ce faisant, ses yeux tombèrent sur l'alliance qu'elle portait. Douloureux à tout moment, le voir maintenant était horrible. Elle étouffa un sanglot et, soulevant le chandelier, regarda bêtement autour d'elle. Près de la grille du salon , elle pouvait entendre Tony frapper sa pipe sur les barreaux. Au-dessus du lavabo , un « range-tout » hollandais contenait ses pinceaux ; elle l'enroula et fourra le paquet parmi le linge. En fermant le sac , elle hésita et regarda la malle d'un air indécis. S'y approchant, elle s'arrêta encore une fois, la quitta ; y est revenu. Elle plongea brusquement son bras au plus profond et fourra l'objet débattu dans son sac comme s'il la brûlait. Sur l'adresse du photographe était écrit : « Bien à vous, Tony ». Ses préparatifs pour le quitter n'avaient pas duré dix minutes. Puis elle est repartie.

Son manteau et son chapeau gisaient près du piano où elle les avait déposés en revenant du théâtre. L'homme la regarda les enfiler.

"Voici ta bague !" dit-elle.

Les larmes coulaient sur ses joues ; elle les tamponnait avec un mouchoir tout en parlant. La bassesse de tout cela le rongeait. Bien que l' ardeur de sa passion antérieure ait disparu et que ses protestations d'affection aient été des insultes, sa perte et son aversion ont servi à montrer le développement d'un certain attachement pour elle dont sa possession et sa constance l'avaient laissé inconscient. Par deux fois, une supplication pour qu'elle reste lui montât aux lèvres, et deux fois sa langue était lourde d'intérêt personnel et de honte. Il la suivit instinctivement dans le couloir ; ses membres tremblaient et son âme était intimidée. Elle avait déjà ouvert la porte et posé le pied sur la marche.

"Marie!" Il haletait.

Il commençait tout juste à faire jour. Sous le ciel pâle, les trottoirs brillaient d'un gris froid, tristement visibles dans l'obscurité.

"Marie, ne pars pas!"

Un courant d'air froid sortit du silence, soulevant les cheveux de son front. Le manteau tombait librement sur elle en plis épais. Il tendit des mains nerveuses pour la toucher, et rien que ces plis ne semblait attaquable ; ils l'enveloppèrent et la lui refusèrent.

« Ne pars pas », balbutia-t-il ; "reste, oublie ce que j'ai fait !"

Elle a vu l'impulsion à sa juste valeur, mais elle était reconnaissante que cela se soit produit. Elle savait qu'il le regretterait si elle l'écoutait, elle savait qu'il savait qu'il le regretterait. Et pourtant, malgré sa connaissance et son dédain, la joie et la gratitude qu'il avait prononcées étaient là.

« Je ne pouvais pas », dit-elle – sa voix était plus douce ; "Il ne pourra plus jamais y avoir quoi que ce soit entre toi et moi . Au revoir, Tony."

Elle s'éloigna fermement de lui. La silhouette qui s'éloignait était distincte – incertaine – fondue dans l'obscurité. Il resta à le regarder jusqu'à ce qu'il disparaisse...

CHAPITRE II

La ville était désolée autour d'elle. Ses pas frappaient la rue misérable et résonnaient dans la solitude. Un vent froid soufflait en rafales intermittentes, lui mordillant les joues et les mains. Sur le vague de la place du marché, la statue dorée, aux reflets obscurcis, se profilait informe à son passage. Elle entendit le bruit et le grincement d'un chariot qui s'éloignait de sa vue ; le chant du coq, puis un cri aigu et plus prolongé ; deux ou trois cris minces se succédant rapidement provenant d'un train lointain. Elle savait, plutôt que décidée, qu'elle irait à Londres, même s'il n'y aurait pas un visage familier pour l'accueillir dans toutes ses lieues de maisons, pas une porte parmi ses innombrables portes pour révéler un ami. Elle y allait parce qu'elle était à la dérive en Angleterre et que « Angleterre » signifiait un mélange de noms tout aussi impitoyables, et Londres, d'une manière ou d'une autre, semblait l'endroit naturel où réserver.

La ruine de peu de personnes les laisse immédiatement seuls ; le crash voit généralement des amis qui se montrent fidèles sous le choc de la catastrophe et ne décroissent qu'après sous la lassitude des soucis. Rares sont ceux qui sortent de l'effondrement d'un foyer sans qu'aucune personnalité ne domine leur conscience en tant que conseiller vers lequel ils doivent se tourner pour obtenir de l'aide. Mais c'était la situation de Mary Brettan que de se retrouver sans âme vers qui se tourner dans le monde ; et brièvement cela s'était passé ainsi.

Son père était un médecin de campagne qui opérait auprès de patients qui n'avaient pas les moyens de payer. Au point de vue de l'humanité, sa conduite était admirable ; vu du foyer domestique, c'était peut-être un peu moins. Le praticien qui négligeait l'épouse du maire pour s'occuper d'un villageois, parce que l'état du villageois était plus critique, offrait une petite promesse de laisser son enfant pourvu, et avant que Mary ait seize ans, les problèmes du loyer et du livre du boucher étaient tout aussi familiers. pour elle comme l'opération elle-même. Le médecin exemplaire et le parent peu pratique se débrouillaient plus ou moins tranquillement grâce à la surveillance de la jeune fille. S'il lui avait survécu, il est difficile de déterminer ce qu'il serait devenu ; mais, mourant le premier, il eut sa protection jusqu'au bout. Après les funérailles, elle s'est retrouvée avec une pile de factures, des meubles en mauvais état et la nécessité de gagner sa vie. Les meubles et les factures étaient faciles à disposer ; ils représentaient une somme en division sans rien de plus. Le problème était : que pouvait-elle faire ? Elle ne connaissait rien de ces choses qu'on appelait autrefois des « accomplissements » et qui sont aujourd'hui les éléments de l'éducation. Son français était le français du « Petit Précepteur » ; en allemand, elle était encore déconcertée par l'article. Et, inconvénient plus

grave, puisque le prix de vente de l'éducation est un scandale par rapport à
son coût : elle n'avait été élevée dans aucun métier. Elle appartenait en effet,
et les circonstances lui avaient fait le découvrir, au rang des incompétences
raffinées : les incompétences qui ne vivent pas de travaux subalternes , parce
qu'elles sont raffinées ; le raffinement qui ne peut s'appuyer sur aucun travail
cérébral, car il est incompétent. Il a été suggéré qu'elle pourrait
éventuellement entrer à l'hôpital d'une ville voisine et essayer de se qualifier
pour devenir infirmière. Elle a dit : « Très bien. » Peu à peu, on lui dit qu'elle
pouvait être admise à l'hôpital et que si elle s'en montrait capable, ce serait la
fin de ses ennuis. Elle a encore dit « Très bien » – et cette fois, « merci ».

Elle avait une bonne constitution, et elle voyait que si elle échouait ici , elle
risquait de mourir de faim à loisir avant que de nouveaux efforts ne soient
déployés en sa faveur ; elle donna donc satisfaction dans son stage, et devint
enfin une infirmière comme les autres, posée et fiable. Quand ce stade arriva,
elle avoua s'être évanouie et réprima le fait, après une première expérience de
la salle d'opération ; sa réputation était établie, et cela n'avait plus
d'importance désormais. Le chirurgien sourit.

Miss Brettan était infirmière Brettan depuis plusieurs années, lorsqu'un acteur
accidenté fut amené à l'hôpital. L'accident lui avait coûté ses fiançailles, et il
déplorait son sort à tous ceux qui voulaient l'entendre. La personne qui
l'entendait le plus, c'était elle, puisque c'était elle qui avait le plus à faire pour
lui, et elle commença par éprouver de la sympathie. C'était un patient payant,
sinon il aurait dû s'en aller en boitant bien plus tôt ; dans l'état actuel des
choses, il fallut plusieurs semaines avant qu'il ne soit suffisamment en forme
pour partir. Et pendant ces semaines, elle se souvint de ce qu'elle avait oublié
au cours des années de routine : qu'elle était une femme capable d'aimer.

Un soir, elle apprit que cet homme tenait vraiment à elle ; il lui a demandé de
l'épouser. Elle se baissa et, sur le plateau du dîner, ils s'embrassèrent. Puis elle
monta à l'étage et pleura de joie, et il n'y avait pas de femme plus heureuse
dans ou hors d'un hôpital dans la chrétienté.

Il lui parla plus que jamais de lui-même, supprimant seulement le seul fait
qu'il n'avait pas le courage d'avouer. Et quand enfin il partit, leurs fiançailles
furent rendues publiques, et il fut convenu qu'elle le rejoindrait à Londres
dès qu'il serait en mesure d'écrire pour qu'elle vienne.

De nombreuses expressions de bonne volonté ont été adressées à l'infirmière
Brettan le matin d'été où elle a dit au revoir à l'hôpital Yaughton ; un cadeau
de mariage commun des autres infirmières a été présenté, et tout le monde
lui a serré la main et lui a souhaité une vie heureuse, car elle était populaire.
Carew l'a rencontrée à Euston. Il avait écrit qu'il avait pris un bon rôle, qu'ils
commenceraient bientôt leur tournée ensemble, mais qu'entre-temps ils
devaient se marier en ville. C'était la première fois qu'elle venait à Londres. Il

l'emmena dans un logement de Guilford Street, et c'est ici que se produisit leur grande scène.

Il a avoué que lorsqu'il était enfant, il avait fait un mariage sauvage ; il n'avait pas revu la femme depuis qu'il avait découvert son passé, mais la loi n'annulerait pas sa bévue. Il était lié à une prostituée et il aimait Marie. Pardonnerait-elle sa tromperie et serait-elle sa femme en tout sauf la cérémonie qui n'a pas pu être célébrée ?

C'était vraiment une scène très terrible. Longtemps il la crut perdue pour lui ; on ne pouvait l'amener à écouter ses supplications que par la force, et il se reprochait de n'avoir pas révélé sa position dès le premier instant. Il avait excusé sa lâcheté en la qualifiant d'« opportunité », mais, pour lui rendre justice, il ne s'est pas rendu justice à lui-même. Le retard était dû bien moins à son sentiment d'opportunité qu'aux tremblements de sa lâcheté. Maintenant, il souffrait à peine moins qu'elle.

Si son plaidoyer avait été fondé sur autre chose que l'obstacle insurmontable qu'il était, il n'aurait pas abouti à une certitude ; mais son impuissance a donné libre cours aux sophismes des deux . Il insista sur la « grandeur du sacrifice » qu'elle ferait pour lui, et cette phrase transperça sa misère. Il lui cria que ce serait un héroïsme, et elle se demanda si ce serait vraiment le cas. Elle se demandait s'il existait effectivement un devoir plus élevé que le déni – si sa vertu pouvait n'être qu'un simple égoïsme déguisé. Son insistance sur la noblesse du consentement allait très loin chez elle ; cela lui semblait une belle chose de laisser le soleil entrer dans la vie de son amant au prix de sa propre transgression. Et puis, en arrière-plan, une brûlante honte brûlait à l'idée d'être interrogée et compatissante lorsqu'elle retournait à l'hôpital avec une pétition pour être réinstallée. Les arguments des deux étaient très obsolètes, et ils ont également ignoré le fait que l'utilité pratique du mariage est de protéger la femme contre l'inconstance innée de l'homme. Il demanda pourquoi, d'un point de vue rationnel, la camaraderie de deux personnes devrait être plus sacrée parce qu'une troisième personne en surplus disait qu'elle l'était ; et elle, les bras autour d'elle, commençait à se persuader que c'était un martyr, qui s'était cassé la jambe pour pouvoir croiser son chemin et lui apporter du réconfort. Finalement, il a triomphé ; et quinze jours plus tard, elle éclata en sanglots, en se rendant compte tout à coup combien elle était heureuse.

Il la présenta à tout le monde comme sa femme ; leur « lune de miel » s'est déroulée dans l'atmosphère, pour elle, inconnue d'une tournée théâtrale. L'un des premiers endroits visités par la compagnie fut West Hartlepool , et lui et elle avaient un logement en dehors de la ville dans un petit village balayé par la mer - une étendue de sable et une ruelle ou deux, avec quelques cottages - appelé Seaton Carew. , auquel, lui dit-il, il avait emprunté son nom professionnel. Elle a dit : « Cher Seaton Carew ! et sentit en un instant idiot qu'elle avait envie de presser la perspective ensoleillée contre son cœur.

Dans la cruauté de l'aube , cinq heures sonnèrent et elle resta abandonnée dans les rues.

Les myriades d'horloges de Leicester prenaient le relais, et l'air était battu de leur vacarme. Le chemin jusqu'à la gare semblait interminable ; les mètres étaient allongés de manière surnaturelle ; et toujours en continuant, mais toujours avec une vue solitaire à parcourir, la promenade commençait à être chargée de l'oppression d'un cauchemar, dans lequel elle poursuivait une route illimitée, à la recherche d'une destination disparue.

Enfin , le bâtiment se dressa devant elle, lourdement immobile, et elle passa par-dessus les pavés. Il n'y avait aucune trace de vie sur place ; le bureau de réservation était rapidement fermé, et entre les lampes faiblement allumées, les voies ferrées vides étaient bleues. Même si elle savait le contraire, elle devrait attendre quelques heures.

Peu à peu, cependant, un porteur aux yeux endormis apparut et elle apprit qu'il y aurait un train dans quelques minutes. Peu de temps après son arrivée, elle put se procurer un billet, un billet de troisième classe, ce qui diminuait la petite somme en sa possession de huit shillings et un demi-penny ; et revenant à la garde de son sac, elle attendit misérablement jusqu'à ce que la file de voitures apparaisse en tonnant.

C'était un voyage misérable – un voyage épouvantable – mais il ne semblait pas particulièrement long ; n'ayant rien à espérer, elle n'avait aucune raison de s'impatienter. Par intermittence, elle s'assoupissait, se réveillant en sursaut alors que le train s'arrêtait brusquement et que le nom d'une gare était braillé. Lorsqu'elle atteignit Saint-Pancras, ses membres étaient à l'étroit alors qu'elle descendait parmi les groupes de passagers au visage morne, et la charge sur son esprit pesait comme un poids physique. Elle ne s'était pas lavée depuis la veille au soir et elle se dirigea vers la salle d'attente, où un employé découragé lui demanda deux pence . Puis, ayant payé deux pence de plus pour laisser le sac derrière elle, elle partit chercher une chambre.

Un café-bar, avec une quantité de pâtisseries rassis entassées devant la fenêtre, lui rappelait qu'elle avait besoin de petit-déjeuner. Un homme aux manches de chemise bleues retroussées sur les bras rouges lui apporta du thé et du pain et du beurre à une table négligée. Le repas, s'il n'était pas agréable, servait à la rafraîchir et valait les quatre pence qu'elle pouvait très difficilement se permettre. Une partie de la faiblesse est passée ; quand elle se retrouva à nouveau au grand air, sa tête était plus claire ; le flou avec lequel elle avait pensé et parlé avait disparu.

Il n'était pas tout à fait huit heures moins cinq ; elle aurait aimé se reposer dans la salle d'attente. Chercher un logement à huit heures moins cinq semblerait étrange. Pourtant, elle ne pouvait pas se résoudre à rentrer ; et elle avait d'ailleurs hâte de trouver au plus vite un foyer, d'être seule avec une porte fermée et un oreiller.

Elle tourna dans Judd Street, scrutant tristement la misère qui se croisait. Les immeubles autour d'elle n'étaient pas attrayants. Sur le sol du salon , des rideaux de chintz mous cachaient l'intérieur, mais les marches et les zones, et ici et là une tête et un bras rougis dépassant pour un bidon de lait , suggéraient fortement un inconfort sale. À Brunswick Square, l'aspect était plus gai, mais les chambres étaient visiblement au-dessus de ses moyens. Elle marcha et arriva inopinément dans Guilford Street, presque en face de la maison où elle s'était donnée à Tony. Cette vue soudaine n'était pas le choc qu'elle aurait imaginé que cela provoquerait ; en fait, elle éprouvait une sorte d'étonnement sourd devant l'absence de sensation. Sans la véranda et le numéro de confirmation, l'extérieur n'aurait eu pour elle aucune signification ; pourtant, c'était dans cette maison... Quel point de repère dans l'histoire de sa vie cette maison représentait-elle ! Quelles émotions avaient envahi son âme derrière la façade impassible qu'elle avait failli dépasser sans la reconnaître ; comme elle avait pleuré et souffert, prié et réjoui dans des murs qui n'auraient eu aucune signification pour elle sans une véranda et le numéro qui le proclamait ainsi ! Les pensées étaient délibérées ; le passé ne lui était pas rappelé , elle le retraçait à moitié tendrement au milieu de son trouble. Néanmoins, l'idée de prendre ses quartiers sur place lui était éminemment répugnante, et elle tourna plusieurs coins avant de se permettre de sonner une cloche.

Sa convocation fut répondue par une servante agitée qui, en apprenant qu'elle voulait un logement, devint impuissante et incohérente - comme c'est le cas des servantes là où les logements sont loués - et s'enfuit au sous-sol en appelant « mademoiselle ».

Mary contemplait le porte-chapeau jusqu'à ce que la « missis » s'avance vers elle le long du couloir. Il y avait une saveur de petit-déjeuner abandonné à propos de missis, un air d'interruption ; et lorsqu'elle s'aperçut que l'inconnue sur le seuil était une jeune femme, et une femme charmante, et une femme seule, l'air d'interruption qu'elle avait eu du mal à dissimuler tout au long de l'escalier de la cuisine commença à se doubler d'une expression de vertu défensive.

"Je cherche une chambre", dit Mary.

"Oui", dit le maître de maison en la regardant de travers.

"Vous en avez un à louer, je crois, à la carte ?"

"Oui, il y a une chambre."

Elle ne fit cependant aucun mouvement pour le montrer ; elle se tenait sur le tapis en soignant ses coudes.

"Pouvez-vous me laisser le voir, si ce n'est pas gênant si tôt ?"

"Oh, je suppose", dit la propriétaire. Elle la précéda jusqu'au dernier étage, mais sans empressement. "Ça y est", dit-elle.

C'était un grenier à l'arrière du modèle réglementaire : une droguerie marron, des chaises jaunes et un lit de vêtements bariolés . Néanmoins, cela semblait propre et Mary était prête à tout prendre.

"Quel est le loyer ?" » demanda-t-elle avec lassitude.

« Avez-vous dit que votre mari vous rejoindrait ?

"Mon mari ? Non, je suis veuve."

Un regard fut lancé sur sa main. Elle portait des gants, mais comprit qu'il aurait été plus sage de dire la vérité et de dire : « Je ne suis pas mariée ».

"Pour une chambre individuelle, le loyer est de sept shillings. Vous pourriez me donner des références, bien sûr ?"

"J'ai bien peur de ne pas pouvoir faire ça", dit-elle, pas du tout surprise. "Je viens à peine d'arriver, mes bagages sont à la gare."

"Qu'est-ce que tu fais?"

"Vraiment!" s'écria-t-elle ; "Je cherche une chambre. Vous voulez des références, eh bien, je vous paierai d'avance !"

"Je n'accepte pas les femmes célibataires", répondit sans détour la femme.

Mary la regarda perplexe ; elle pensait qu'elle ne s'était pas fait comprendre.

"Je devrais être tout à fait disposée à payer d'avance", répéta-t-elle. "Je suis un étranger à Londres, donc je ne peux vous référer à personne ici ; mais je vais payer pour la première semaine maintenant, si vous le souhaitez ?"

"Je n'accepte pas les dames ; je dois vous demander de chercher ailleurs, s'il vous plaît."

Ils descendirent en silence. Virtue tourna la poignée avec sa colonne vertébrale raide, et Mary s'évanouit, lançant un doux « Bonjour ». Son sang lui picotait sous l'insolence inexplicable du traitement qu'elle avait reçu, et elle n'avait pas encore appris qu'il est possible pour une femme non accompagnée de chercher un logement jusqu'à ce qu'elle tombe épuisée sur le trottoir ; la femme non accompagnée étant, pour la propriétaire de Londres, une personne inappropriée - inadmissible non pas parce qu'elle est inappropriée, mais parce que ses irrégularités ne sont vraisemblablement pas monopolisées .

Au cours de l'heure suivante, les repoussages se succédèrent. Parfois, après avoir affirmé sèchement qu'on n'acceptait pas de dames, on lui fermait la porte au nez ; fréquemment elle était conduite dans une chambre, pour y être contre-interrogée et refusée, comme pour sa première entreprise, juste au moment où elle était sur le point de s'y engager. Parfois, une pièce était exposée avec indifférence et aucune question n'était posée, mais dans ces cas-là, les conditions demandées étaient si exorbitantes qu'elle en ressortait stupéfaite, sans se rendre compte de la nature de la maison.

L'idée lui vint d'essayer les endroits où elle serait connue – non pas celui de Guilford Street, les associations avec cela seraient insupportables – mais certains des appartements qu'elle et Carew avaient occupés lorsqu'ils étaient venus en ville entre les tournées. Cependant, aucune de ces adresses ne se trouvait dans le quartier et l'idée était trop répugnante pour être adoptée sauf sur un coup de tête.

Elle serra les dents et tira cloche après cloche. Le long de Southampton Row, en passant par Cosmo Place jusqu'à Queen Square, elle erra, tandis que le jour devenait de plus en plus clair ; descendez Devonshire Street dans Theobald's Road, après l'hôtel de ville de Holborn. Au milieu de ces demandes réitérées de références, une terreur soudaine la saisit ; elle se souvenait de la nécessité du certificat qu'elle avait eu à sa sortie de l'hôpital. Depuis, elle n'y avait jamais pensé. Il se peut qu'il soit écrasé dans un coin du coffre qu'elle avait laissé à Leicester ; il aurait pu être détruit depuis longtemps – elle ne le savait pas. Il ne lui était jamais venu à l'esprit que la reprise de son ancien métier se présenterait un jour comme sa ressource naturelle. Dans des circonstances ordinaires, la perte aurait été insignifiante ; mais elle sentait qu'il était impossible de s'adresser directement à la matrone, car cela conduirait à révéler ce qui s'était passé dans l'intervalle. L'absence de certificat signifiait donc l'absence de tout témoignage attestant qu'elle était une infirmière qualifiée. Alors que l'impuissance face à sa situation critique l'envahissait, elle trembla. Combien de temps ne doit-elle pas s'attendre à attendre un emploi alors qu'elle n'a rien pour parler en sa faveur ? Revenir au métier d'infirmière serait plus difficile que de gagner sa vie dans un rôle qu'elle n'avait jamais essayé. Et elle pouvait attendre si peu de temps pour n'importe quoi, si horriblement peu de temps ! Elle mourrait de faim si elle ne trouvait pas quelque chose bientôt !

Des bus passaient devant elle, chargés d'hommes et de femmes au visage sobre, à destination des vocations qui soutenaient l'éléphant blanc de la vie. Les magasins témoignaient déjà du commerce, et les enfants, la tête découverte, couraient le long du trottoir avec un « ha'porth o' milk », ou de mystérieux petits déjeuners pliés dans des bouts de journaux. Chaque atome de l'agitation de l'éveil la traversait, absorbé par sa propre existence, exploité par ses intérêts séparés, tournant dans son monde individuel. Londres lui paraissait une ville sans pitié ni impulsion, peuplée à ras bord et débordante. Chaque fente, chaque fissure semblait peuplée de ses habitants désignés, et l'espoir de trouver ici du pain que personne ne tenait dans la main semblait une présomption.

Onze heures avaient sonné — c'est-à-dire qu'elle marchait depuis plus de trois heures — lorsqu'elle aperçut une carte avec « Chambre meublée à louer » suspendue à un store, et ses efforts pour se mettre à l'abri aboutirent enfin. C'était une petite maison sans prétention, dans un tournant sans prétention ; et une pancarte sur la porte indiquait qu'il s'agissait de la résidence de « J. Shuttleworth, maçon ».

Une femme aux traits durs fut évoquée par le coup découragé. Voyant un locataire potentiel habillé comme une dame, elle ajouta dix-huit pence au loyer qu'elle demandait habituellement. Elle demandait cinq shillings par semaine, ce que la requérante accepta et lui en fut reconnaissante.

« À propos de vos repas, mademoiselle ? » dit Mme Shuttleworth, lorsque Mary se fut effondrée sur la chaise verticale en bois à la tête du lit gigogne. "Je ne peux pas faire de dîners pour vous , mais en ce qui concerne le petit-déjeuner et une tasse de thé le soir, vous pouvez avoir un petit quelque chose à apporter lorsque nous sommes les nôtres. Je suppose que ça va ça te va, n'est-ce pas ?

"Une tasse de thé et du pain et du beurre", répondit Mary, "le matin et l'après-midi, si vous y parvenez, feront très bien l'affaire, merci." Elle s'est préparée aux exigences de l'occasion. « Combien cela fera-t-il ? »

"Oh, eh bien, on ne va pas te casser ! Tu vas payer la première semaine maintenant ?"

Le loyer arrivait, et un superflu de plus dans le tumulte de l'existence profitait des malheurs d'un autre : retourner au lavoir joyeux.

A l'étage, le locataire restait immobile ; elle était si fatiguée que c'était un luxe de rester assise tranquillement, et pendant un moment elle fut plus consciente du soulagement corporel que du fardeau mental. C'était l'après-midi lorsqu'elle fut obligée de retourner à St. Pancras pour récupérer son sac ; et, poussant la fenêtre branlante pour laisser entrer un peu d'air pendant son absence, elle se rendit au sous-sol pour déterminer l'itinéraire le plus proche.

Elle apprit qu'elle était beaucoup plus près de la gare qu'elle ne l'avait cru, et peu de temps après elle retrouva sa propriété en sa possession. Sa tête lui semblait étrangement légère et elle resta intriguée par le vertige jusqu'à ce qu'elle se souvienne qu'elle n'avait rien mangé depuis huit heures. L'idée de manger était pourtant écoeurante ; et ce ne fut qu'à cinq heures, quand le thé fut servi, avec un morceau de pain et un morceau de beurre au milieu d'une assiette, qu'elle essaya de rompre son jeûne.

Et maintenant s'ensuivit une longue période d'heures mornes, une soirée terriblement inutile, dont chaque minute était pesée de désespoir. Heureusement, le temps n'était pas très froid, aussi l'absence d'incendie était-elle moins pénible que le manque de compagnie ; mais la fatigue, qui avait agi comme un opiacé partiel de son mal, passa peu à peu, et son cerveau lui faisait mal sous le supplice de la réflexion. N'ayant rien d'autre à faire que de réfléchir, elle s'assit sur la chaise droite, fixant la grille vide et imaginant Tony pendant les attentes familières au théâtre. Une lampe nauséabonde brûlait tristement sur la table ; dehors, la rue était discordante avec les cris des enfants. Comprendre que ce n'était que ce matin que le coup lui était tombé dessus était impossible ; un intervalle de plusieurs jours semblait s'écouler entre le grenier exigu et ses adieux ; le malheur semblait déjà ancien. "Oh, Tony !" murmura-t-elle. Elle a sorti son portrait. « À vous pour toujours » : c'est une moquerie ! Elle ne le détestait pas, elle ne se disait même pas qu'elle le détestait ; elle contempla avec douceur la photographie fanée et la tint longtemps devant elle. Elle avait été prise à Manchester et elle se souvenait de l'après-midi où elle avait été prise. Toutes sortes de futilités à ce propos lui revenaient. Il portait une cravate à gazon, et elle se rappela que c'était la dernière cravate propre et qu'elle s'était égarée. Leur recherche et le désespoir comique suscité par sa perte lui revenaient très clairement en mémoire. "Oh, Tony !" Ses imaginations se projetaient dans son avenir, et elle le voyait dans une vingtaine de scènes différentes, mais toujours célèbres, et dans sa grandeur avec le souvenir d'elle flottant dans son esprit. Elle se demanda alors ce qu'elle aurait fait si elle lui avait donné un enfant, si l'enfant aurait été dans le grenier avec elle. Mais non, s'il avait été père, cela ne serait pas arrivé ! il aimait toujours les enfants ; lui avoir donné un enfant à lui aurait gardé son amour pour elle brillant.

Bientôt, une diversion fut opérée par le retour à la maison de M. Shuttle digne, visiblement ivre, et maltraitant sa femme avec une violence désordonnée. Ensuite, la voix de la femme s'est élevée, criant et récriminant, le babel s'apaisant au milieu de passages saccadés, alternativement bourrus et stridents.

Le dérangement avait tendance à occulter l'aspect pratique de son dilemme, et l'importance d'obtenir rapidement un travail, quel qu'il soit, la consternait. Le jour était mercredi, et le mercredi suivant, à moins qu'elle ne parte sans abri, il y aurait à nouveau le logement à payer, et les petits déjeuners et les thés fournis entre-temps. Elle devrait également dépenser de l'argent à l'extérieur ; elle devait dîner, même médiocrement, et il y avait des timbres-poste, et peut-être des billets de train, à prendre en compte : certains des annonceurs auprès desquels elle postulait vivaient peut-être à distance de marche. Au total, il lui fallait certainement une livre. Et elle avait pour cela – le cœur serré, elle vida son sac, bien sûr – exactement deux et neuf pence.

CHAPITRE III

Le lendemain matin, ses efforts commencèrent. Il a plu et elle a commencé à comprendre ce que signifie pour les chômeurs de marcher dans une ville où deux jours sur quatre sont pluvieux.

Il était hors de question d'acheter des papiers et de les examiner chez soi ; mais elle savait qu'il existait des salles de rédaction où, pour un sou, elle pouvait tous les voir. Dirigée vers une telle institution par un garçon tacheté, remarquable par son chapeau et ses oreilles, elle trouva plusieurs femmes à l'air abattu feuilletant un tas de périodiques autour d'une table. Les « quotidiens » étaient étalés sur des supports contre les murs, et sur une table plus petite, sous la fenêtre, il y avait un certain nombre de bordereaux, avec des plumes et de l'encre, pour la commodité des clients désireux de rédiger des notes sur les situations vacantes. Elle se rendit d'abord au Times, car il se trouvait sur le stand le plus proche d'elle, et passa d'un journal à l'autre jusqu'à ce qu'elle ait fait le tour du stand.

Les colonnes « Recherchés » étaient de l'ordre habituel ; les nécessiteux s'efforçant de tromper les nécessiteux avec des phrases spécieuses , et les bien établis prêts à les suer sans aucun déguisement. Une maison de draperie avait un poste vacant pour une jeune femme « pour habiller des fenêtres de fantaisie et pouvoir tailler des chapeaux, etc., quand on le désirait » – salaire de quinze livres. Il y avait une personne qui cherchait un domestique prêt à payer vingt livres par an pour avoir le privilège d'effectuer ce travail. Cette annonce s'intitulait « Maison offerte à une dame », et il fallut quelques secondes pour en saisir la prodigieuse impudence. Un papetier de rue, à la recherche d'une vendeuse, a annoncé pour un « apprenti à prime modérée » ; et le pourcentage habituel d'entreprises de la City brandissait l'appât délabré de « l'opportunité d'apprendre le métier ». Sa connaissance de la surabondance d'actrices expérimentées lui permettait de sourire aux faux directeurs de théâtre qui avaient « des engagements salariés immédiats attendant des amateurs de belle apparence » ; mais certaines escroqueries du « travail à domicile » l'ont attirée et, ne trouvant rien de mieux, elle a noté ces adresses.

De la salle de rédaction, elle s'est rendue dans une laiterie et a dîné avec un verre de lait et un petit pain. Et après une dépense inévitable en timbres et en papeterie, elle rentra au logement avec un shilling moins élevé qu'elle n'était sortie.

Ne connaissant pas les ruses des imposteurs auxquels elle répondait, la pensée de ses candidatures la soutenait quelque peu ; il lui semblait que, parmi les nombreuses ouvertures, une au moins devait être praticable. Elle n'a pas manqué de faire le calcul que font la plupart des novices en pareille circonstance ; elle réduisit de moitié les revenus promis et croyait envisager la perspective sous un jour sobre qui, si elle se trompait, péchait par excès de pessimisme.

Les enveloppes qu'elle avait jointes lui revinrent en fin d'après-midi le lendemain ; et les circulaires variaient principalement par la couleur et par les prix des matériaux qu'elles proposaient à la vente. Dans tous les détails essentiels pour prouver à tout le monde qu'il s'agissait de fraudes, à l'exception des pitoyables imbéciles qui doivent exister, pour expliquer la longévité des publicités, c'étaient les mêmes.

Avec l'extinction de cet espoir, l'obscurité de sa vision s'est intensifiée et elle a désormais évité les offres de « revenus libéraux » et a limité son attention aux salaires illibéraux. Jour après jour, elle se rendait à la rédaction – un autre errant que le propriétaire voyait régulièrement – résolue à ne pas renoncer à son accès aux journaux tant qu'il lui restait une pièce de monnaie pour payer l'entrée. Elle écrivait de nombreuses lettres et passait ses soirées à attendre en vain le coup du facteur. Elle a attribué ses échecs répétés au fait qu'il n'y avait aucune mention de références dans ses réponses ; ils étaient si concis et si bien écrits qu'elle était sûre qu'ils n'auraient pas pu échouer pour une autre raison. Il est probable que ses notes joliment écrites n'ont jamais été lues : simplement jetées avec des dizaines d'autres, toutes non ouvertes, dans la corbeille à papier, après qu'une sélection ait été faite parmi les trente premières. C'est le sort de la plupart des notes joliment écrites qui répondent aux annonces dans les journaux ; seulement, les gens qui les composent et les postent avec de petites prières, heureusement ne s'en doutent pas. S'ils s'en doutaient, ils perdraient le réconfort de vingt-quatre heures consistant à nourrir leur âme d'un faux espoir ; et une oasis d'espoir peut être une chose désirable au prix d'un timbre-poste.

Un soir, une réponse est venue, et une réponse à propos d'un très beau « Wanted ». Lorsqu'on le lui remit, elle osait à peine espérer que cela ait un rapport avec cette situation particulière. La publicité avait été diffusée :

"Secrétaire requis par une dame littéraire. Doit être sociable et n'avoir aucune objection à voyager sur le continent. Postuler de sa propre main à CB, aux soins de MM. Furnival ", etc.

La signature, cependant, n'était pas celle de CB. La communication provenait de MM. Furnival . Ils écrivirent qu'ils estimaient, d'après la candidature de Miss Brettan , qu'elle conviendrait à leur client ; et que sur réception d'une demi-couronne – leurs frais de réservation habituels – ils transmettraient l'adresse de la dame.

Si elle avait eu une demi-couronne à envoyer, elle l'aurait peut-être envoyée ; en l'état, au lieu de remettre les fonds au bureau de MM. Furnival , elle y a appelé.

Il s'agissait d'une arrière-salle très petite et très sombre au rez-de-chaussée, et MM. Furnival étaient représentés par un gros gentleman aux vêtements miteux et aux manières mélodieuses. Mary a commencé en disant qu'elle était la requérante qui avait reçu sa lettre concernant la publicité de « CB » ; mais comme cette annonce ne paraissait pas assez précise pour permettre au gros monsieur d'en parler avec aisance et liberté, elle ajouta que « CB » était une dame de lettres qui avait besoin d'un secrétaire.

Là-dessus, il devint vraiment très vif. Il lui a dit que ses chances d'obtenir le poste étaient excellentes. Non, ce n'était pas une certitude, comme elle semblait l'avoir compris, mais il ne pensait pas qu'elle avait beaucoup de raisons de s'inquiéter ; sa vitesse en sténographie dépassait celle que leur client avait stipulée.

Elle dit : "Eh bien, j'ai spécialement dit que si elle voulait quelqu'un qui connaisse la sténographie, je ne serais d'aucune utilité !"

Il a dit : " C'est ce que vous avez fait ! Je voulais dire que votre dactylographie était votre recommandation. "

"M. Furnival ", s'est-elle exclamée, "j'ai écrit : 'Je ne connais pas la sténographie et je ne suis pas dactylographe' ! Vous devez me confondre avec quelqu'un d'autre. Peut-être avez-vous également répondu à une autre candidature ?"

Peut-être qu'il l'avait fait.

"Vous êtes ma première expérience de candidat à un poste de secrétaire qui n'a pas appris la sténographie ni la dactylographie", dit-il d'un ton blessé. "Bien sûr, si vous ne le savez pas non plus, vous ne servirez à rien du tout, pas du tout."

"Alors," dit-elle, "pourquoi m'as-tu demandé de t'envoyer une demi-couronne ?"

Avant qu'il ait pu prendre le temps de l'éclairer sur les raisons de cette ligne d'action, ils furent interrompus par un gamin qui déposa une brassée de lettres sur la table. Le monsieur semblait heureux de les voir, et elle repartit en se demandant combien de femmes que MM. Furnival « jugeaient convenir à leur client » avaient joint des mandats postaux pour payer les « frais ».

En vain, elle visita quelques agences légitimes, et un jour elle marcha jusqu'à Battersea à temps pour apprendre que la place qui était l'objet de son voyage venait d'être occupée. Cependant, même lorsqu'on se rend à Battersea à pied et qu'on dîne pour deux pence , la durée de vie de deux pence et neuf pence est très limitée ; et l'aube de la date redoutée du paiement trouva son capital épuisé.

Parmi ses rares possessions, le seul article qu'elle pouvait suggérer de convertir en argent était une montre en argent qu'elle portait attachée à un garde. Il lui avait appartenu lorsqu'elle était petite ; elle l'avait porté comme infirmière ; il avait voyagé avec elle en tournée au cours de sa vie avec Carew. Elle ne savait pas quel prêteur sur gages lui prêterait là-dessus, mais elle supposait qu'il s'agissait d'un souverain. Si elle avait été mieux lotie, elle aurait supposé deux souverains, car elle en ignorait aussi bien la valeur que le moyen de le mettre en gage ; mais étant sans ressources, une livre lui paraissait une somme très substantielle. Elle s'avança lourdement dans la rue. Elle avait l'impression que sa mission était imprimée sur son visage, et lorsqu'elle s'arrêta sous le signe des trois boules, tous les passants semblaient la regarder.

La fenêtre offrait un prétexte à l'hésitation. Elle inspectait la collection derrière la vitre ; peut-être que quiconque la voyait entrer pourrait imaginer que c'était avec l'intention d'acheter quelque chose ! Elle s'énervait jusqu'au ton nécessaire quand, jetant un dernier coup d'œil par-dessus son épaule, elle aperçut un passant qui la regardait fixement. Son courage prit son envol et elle poursuivit son chemin, décidant de chercher un magasin dans une position plus isolée.

Même si elle avait honte de sa retraite, ce répit lui fut un soulagement. Ce n'est que lorsqu'elle arriva à trois autres bals qu'elle comprit que plus elle tarderait, plus elle se sentirait mal. Elle entra précipitamment. Il y avait une rangée de portes étroites qui descendaient dans un couloir et, en ouvrant une, elle trouva le petit compartiment occupé par une femme et un paquet. En revenant, elle s'aventura vers la cloison suivante, qui se révéla vacante ; et, s'éloignant du comptoir, de peur que son profil ne fût aperçu par son voisin en détresse, elle attendait qu'on vienne à elle.

Personne n'y prêtant attention, elle frappait pour attirer l'attention. Un jeune homme se prélassait et elle posa la montre.

"Combien?" il a dit.

"Une livre."

Il le rattrapa et se retira, donnant l'impression qu'il n'y prêtait que très peu d'importance. Elle-même n'y prêtait que très peu d'importance, puisqu'il était dans sa main. Sa main était un chef-d'œuvre d'expression, tandis que sa voix ne s'éloignait jamais de deux notes.

"Dix shillings", dit-il en réapparaissant.

"Dix shillings, c'est très peu", murmura-t-elle. "Ça vaut sûrement plus que ça ?"

"Tu vas le prendre ?"

Il lui fit glisser la montre.

"Merci", dit-elle; "Oui."

Un doute quant à savoir si cela serait suffisant s'est glissé en elle à l'instant où elle avait accepté, et elle aurait souhaité avoir décliné l'offre. Cependant, le rappeler lui était hors de portée ; et quand il revint, c'était avec le billet.

"Nom et adresse?"

Nouvelle dans les exigences d'un prêteur sur gages, elle balbutia le vrai, convaincue que la femme au paquet l'entendrait et s'en souviendrait. Même alors, elle fut consternée de constater que la transaction n'était pas conclue ; il lui demanda un demi-penny, et, avec le sang sur son visage, elle signifia qu'elle n'avait pas de monnaie. Mais enfin , elle fut libre de partir, avec une poignée d'argent et de cuivre ; et en transférant coupablement l'argent dans son sac à main alors que le magasin était loin derrière, elle revint à la routine.

Cinq heures sonnaient lorsqu'elle monta au grenier, et elle vit que Mme Shuttleworth, avec la ponctualité particulière aux logeuses bon marché lorsque le locataire est absent, avait déjà monté le plateau. Dans l'assiette se trouvait sa facture ; elle l'attrapa anxieusement et fut soulagée de constater qu'il s'expliquait ainsi :

	s.	d.
Élevé	1	2
Beurre....		dix
Lait		3 1/2
Thé		6
Huile		2
Shuger		2 1/2
En chambre jusqu'à mercredi prochain	5	0
	8	2

Jusqu'à présent, elle avait donc été à la hauteur des urgences, et un abri pour une semaine supplémentaire était assuré. Le grenier commençait à prendre presque un air de confort, affiné par la terreur de le perdre. Lorsqu'elle pensait que la semaine l'éloignait de la famine, elle s'écria qu'elle devait trouver quelque chose à faire – il le fallait ! Puis elle se rendit compte qu'elle ne pouvait pas le trouver plus facilement parce qu'il s'agissait d'un « devoir » que si cela avait été simplement opportun, et que la futilité du « doit » féminin, alors qu'elle faisait déjà tout ce qu'elle pouvait, servait à accentue son impuissance. Elle priait avec passion, sans avoir beaucoup confiance dans l'efficacité de la prière, et se disait qu'elle ne méritait pas que Dieu l'écoute, parce qu'elle était coupable, pécheresse et mauvaise. Elle ne cherchait pas de consolation en répétant qu'il faisait toujours le plus sombre avant l'aube, ni ne cherchait à se fortifier avec aucun autre aphorisme appartenant au vocabulaire de la douleur envers les autres. La situation étant la sienne, elle la regarda droit dans les yeux et avoua qu'il y avait de fortes chances qu'elle se retrouve très prochainement sans lit sur lequel s'allonger.

Chaque nuit, elle se rapprochait de quelques sous de la fin ; Chaque nuit, maintenant, elle regardait par la fenêtre, imaginant les sensations d'un sans-abri errant. Et enfin le jour se leva — un jour froid et sans soleil — lorsqu'elle se leva et sortit avec un sou, sans aucun moyen d'y ajouter quoi que ce soit. Ce sou pourrait être réservé pour diminuer la faim qui allait la saisir à présent, ou elle pourrait se donner une dernière chance parmi les journaux. Après avoir déjeuné, elle décida de la dernière chance.

Tandis qu'elle tournait les pages, ses mains tremblaient et, pendant une seconde, les paragraphes se rejoignaient. L'instant d'après, se détachant clairement de la mer des imprimés, elle vit une publicité comme le sourire d'un ami :

"Un compagnon utile recherche une dame âgée ; une personne ayant une certaine expérience des invalides est préférée. Postulez personnellement, entre 3 et 5, ' Trebartha ', N. Finchley ."

S'il avait été conçu pour elle, cela n'aurait guère pu lui convenir mieux. Le désir d'une application personnelle était en soi un avantage, car dans la conversation, pensait-elle, l'obstacle de l'absence de références pouvait être surmonté avec beaucoup moins de peine que par la lettre. Une suite d'allusions franches à la difficulté, une douzaine de phrases faciles lui vinrent à l'esprit, de sorte que, en imagination, l'entretien était déjà en cours et se terminait par des paroles agréables au port des fiançailles.

Elle ne chercha pas plus loin et ce n'est qu'au moment de partir qu'elle se souvint des kilomètres qu'elle aurait à parcourir. Commencer si tôt, cependant, serait inutile, aussi, après y avoir réfléchi, elle résolut de passer la matinée là où elle était.

Elle fut surprise de découvrir qu'elle n'était pas singulière dans cette décision, et elle se demanda si tout le monde l'avait fait. les clients qui sont restés si longtemps avaient ailleurs où aller. Beaucoup d'entre eux ne tournaient jamais la page, mais restaient assis à table, lisant rêveusement un journal ; comme s'ils avaient oublié qu'il était là. Elle; Je regardais les gens entrer, notant l'unanimité avec laquelle ils se préparaient pour les feuilles d'annonces, et spéculant sur la nature du travail qu'ils cherchaient.

Il y avait une femme vêtue de noir, abattue et précise ; elle était manifestement gouvernante. Autrefois, lorsqu'elle était jeune et insolente avec le courage de la jeunesse, elle se serait moquée d'un portrait tel qu'elle était aujourd'hui ; il ne restait plus assez de moquerie en elle ce matin. Elle quitta les « quotidiens » sans récompense et se dirigea vers la table, sa bouche aux lèvres fines étant un peu plus dure qu'auparavant. Une jeune fille avec des plumes magenta sur son chapeau entra en bondissant, traçant son chemin le long des colonnes avec un index lourd et repartant nonchalamment avec une liste effacée. C'était une domestique, comprit Mary. Un homme minable, à l'expression sinistre, couvrait un champ de possibilités : un tuteur en panne peut-être, un professionnel qui avait mal tourné. Il ressemblait à Méphistophélès en habit de souffleur, pensa-t-elle en le contemplant avec une curiosité languissante. Les réflexions parcoururent l'idée centrale tandis qu'elle attendait nerveusement que les heures passent, et lorsqu'elle considéra qu'il était enfin temps, elle demanda au marchand de journaux dans quelle direction se trouvait Finchley . Elle a omis de mentionner qu'elle devait s'y rendre à pied, mais elle a obtenu suffisamment d'informations sur un itinéraire de tramway pour la guider jusqu'à Hampstead Heath, où bien sûr elle pourrait se renseigner à nouveau.

Le soleil ne promettait pas de briller, et un vent maussade, jetant les détritus des gouttières dans de petits tourbillons, rendait le piéton extrêmement désagréable. Elle fut consternée de constater combien de temps elle devait parcourir ; elle est arrivée au terminus du tramway déjà fatiguée, puis a appris qu'elle n'était pas à mi-chemin de Finchley . Ce n'était pour elle qu'un nom, et, marchant d'un pas constant sur un chemin qui s'étendait éternellement devant elle, elle commença à craindre de ne jamais atteindre son but. Pour ajouter à l'inconfort, il neigeait légèrement maintenant, et elle devenait moins optimiste tous les cent mètres. La vision de la dame souriante, le dynamisme de ses propres phrases désinvoltes s'effaçèrent d'elle, et la pensée de l'abjection totale qui résulterait d'un refus rendait le salut de l'acceptation beaucoup trop merveilleux pour se produire.

Lorsqu'elle y parvint, « Trebartha » se révéla être une villa rabougrie en briques rouges. C'était une villa parmi d'autres, chacune des autres villas rabougries étant également dotée d'un nom digne d'un domaine ; et le suspense prenant le découragement des détails les plus superflus, le cœur de Mary se serra lorsque la femme de chambre révéla le passage mal éclairé.

Elle fut introduite dans le salon ; et la femme qui entra tout à l'heure en avait été suggérée. Elle semblait le complément naturel des imprimés hagards, des quatre chaises encombrantes alignées contre le mur, de la Bible familiale sur la nappe en crochet . Elle portait de la soie sombre et courte, unie, à l'exception de trois étroites bandes de velours à l'ourlet. Elle portait une chaîne de montre en or autour de son cou, en guirlande sur sa poitrine corpulente. Elle dit qu'elle était la fille mariée de la dame invalide, et son ton impliquait la conscience de ce mérite supérieur que la femme dont le père l'a laissée confortablement ressent par rapport à celle dont le père ne l'a pas fait.

"Vous avez appelé à propos de l'offre de ma mère pour un compagnon ?" dit-elle.

"Oui ; j'ai une longue expérience en tant qu'infirmière. Je pense que je devrais être capable de faire tout ce dont vous avez besoin."

"Avez-vous déjà vécu comme compagnon ?"

"Non," dit Mary, "je n'ai jamais fait ça, mais... mais je pense que je suis sociable; je ne pense pas que je sois difficile à vivre."

"Quelle était ta... tu ne veux pas t'asseoir ? – quelle était ta dernière place ?"

Mary s'humidifia les lèvres.

"Je suis," dit-elle, "dans une situation plutôt embarrassante. Autant vous dire tout de suite que je suis une étrangère ici, et - le savez-vous - je trouve que c'est un grand obstacle pour moi d'obtenir un emploi ? Ne pas être Je le sais, je n'ai, bien sûr, aucun ami à qui recommander les gens, et... eh bien, les gens semblent toujours penser que le fait d'être un étranger dans une ville est plutôt une chose déshonorante. J'ai découvert cela ! C'est le cas. Elle cherchait une lueur de réponse dans son visage impassible, mais elle était aussi vide d'expression que les meubles. « Comme je l'ai dit, j'ai eu une longue expérience en tant qu'infirmière ; je – cela semble prétentieux – mais je devrais être extrêmement utile. C'est exactement la chose pour laquelle je suis fait. »

La fille mariée demanda : « Vous avez été infirmière, dites-vous ? Mais pas ici ?

"Pas ici," dit Mary, "non. Bien sûr, cela n'enlève rien à———"

"Oh, tout à fait. Nous avons déjà reçu plusieurs jeunes femmes ici aujourd'hui. Dois-je comprendre que vous vouliez dire que vous ne pouvez donner personne comme référence ?"

"Oui, c'est malheureusement le cas. J'espère que vous ne considérez pas cela comme une difficulté insurmontable ? Vous savez que vous prenez parfois des serviteurs sans 'personnages' quand——"

« Je ne prends *jamais* un serviteur sans « caractère ». Je n'ai jamais fait une chose pareille de ma vie."

"Je ne parlais pas de vous personnellement", dit Mary avec une dépréciation hâtive; "J'étais en train de parler--"

"Je suis très pointilleux sur ce point ; ma mère l'est aussi."

"D'une manière générale. Je voulais dire que les gens prennent parfois des serviteurs sans "personnages" lorsqu'ils sont durement poussés."

"Nos propres domestiques n'ont que trop envie de rester avec nous. Ma mère a sa cuisinière actuelle depuis huit ans, et la dernière n'a été incitée à partir que parce qu'un jeune homme - un jeune homme assez honnête dans ses affaires - l'a obligée à partir. une offre de mariage. Elle était ici depuis plus de huit ans, douze je crois, ou treize. On croyait à l'époque que ce qui avait d'abord attiré l'attention du jeune homme sur elle, c'était les nombreuses années pendant lesquelles ma mère l'avait retenue. dans notre maison. Je suis sûr qu'il n'y a aucune circonstance dans laquelle ma mère consentirait à recevoir une jeune personne qui ne pourrait donner aucune preuve de sa fiabilité et de sa bonne conduite.

"Voulez-vous dire que vous ne pouvez pas m'engager ? C'est une question de vie ou de mort pour moi", s'est exclamée Mary ; "Je vous prie, laissez-moi voir la dame !"

"Votre manière", dit la fille mariée, "est étrange. Tout à fait autoritaire pour votre position!" Elle s'est levée. "Il vous sera utile d'être moins hautain quand vous parlez, moins opiniâtre ; vos manières sont tout à fait contre vous. Oh, ma parole ! pas de violence, s'il vous plaît, mademoiselle !"

"Violence?" haleta Mary; "Je ne suis pas violent. C'était mon dernier espoir, c'est tout, et c'est fini. Je te souhaite le bonjour."

Tant de choses s'étaient produites en quelques minutes – à l'intérieur comme à l'extérieur – que les routes blanchissaient rapidement et que le tourbillon de neige s'était transformé en une chute régulière. Au début , elle ne s'en rendit guère compte ; la colère dans son cœur empêchait le froid d'entrer et l'entraînait dans une demi-précipitation. Les mots lui échappèrent à bout de souffle. Elle sentait qu'elle était tombée d'un état élevé ; que l'indépendance de sa vie avec Carew avait été une période de dignité et de pouvoir ; qu'autrefois, elle aurait pu impressionner le philistin stupide qui l'avait humiliée. "La femme odieuse ! Oh, la misérable ! De devoir poursuivre en justice une créature pareille !" Eh bien, elle allait mourir de faim maintenant, supposait-elle, son excitation se dissipant. Elle mourrait de faim, comme les personnages de fiction ou les gens dont on parle dans les journaux ; les journaux appelaient cela « exposition », mais c'était la même chose ; « l'exposition » semblait moins offensante aux autres personnes qui lisaient à ce sujet, c'est tout. La force de l'éducation est si forte que, même si elle a insisté sur une telle mort et si elle s'en était rapprochée, elle a été incapable de réaliser ça lui arrive. Elle se dit que ce devait être le cas ; le monde était soudain horriblement vaste et vide ; mais le fait que Mary Brettan meure ainsi avait encore un air d'exagération. S'avançant, elle y réfléchit, et le fait s'en approcha ; la sensation de l'élargissement du monde autour d'elle se renforçait. Elle se sentait seule au milieu d'un espace illimité. Il ne semblait rien autour d'elle, rien de tangible, rien à quoi s'accrocher. Oh mon dieu! comme elle était fatiguée ! elle ne pouvait pas continuer beaucoup plus.

La neige tourbillonnait contre elle en rafales, s'accrochait à ses cheveux et remplissait ses yeux et ses narines. L'épuisement la submergeait. Et combien de kilomètres encore ? Chacun des bancs qu'elle passait était une nouvelle tentation ; et finalement elle tomba sur l'un d'eux, trop fatiguée pour se tenir debout, mouillée et frissonnante, et se protégeant le visage de la tempête.

Elle s'est laissée tomber dessus comme n'importe quel vagabond ou errant. Ayant tenu jusqu'au bout, elle ne savait pas si elle se relèverait un jour, n'y pensait pas et s'en fichait. Ses membres lui faisaient mal en quête de soulagement, et elle l'a saisi sur la grande route parce que le soulagement sur la grande route était le seul possible.

Et c'est alors qu'elle se recroquevillait là qu'une autre silhouette apparut dans le crépuscule, la silhouette d'un grand vieil homme portant un sac noir. Il descendit vivement un sentier, regardant à droite et à gauche comme s'il attendait quelque chose qui devrait l'attendre. Ne le voyant pas, il siffla et Mary leva les yeux. Un piège était reculé au coin de la route. Puis l'homme au sac la regarda, et après un instant d'hésitation, il parla.

"C'est une sale soirée ," dit-il, "pour que tu sois assis là . Je pense que tu n'es pas bien ?"

"Pas vraiment", dit-elle.

Il l'inspecta, indécis.

" Et vous allez prendre votre mort de froid si vous ne vous levez pas, c'est certain. Hoots ! vous tremblez avec ça non ! Attendez un peu, et je vous mettrai un peu de chaleur , jeune Leddy .

Sans plus attendre, il déposa le sac à ses côtés et l'ouvrit. Et, chose étonnante à raconter, le sac noir était garni d'un certain nombre de petites bouteilles, dont il extrait une avec un verre.

"Est-ce que c'est un médicament ?" » demanda-t-elle avec étonnement.

"Médecine?" répéta-t-il ; "non, ce n'est pas un médicament ; c'est du 'Four Diamonds SOP', je te le donne . C'est un échantillon brut du SOP de Pilcher, ma fille ; rien de plus raffiné dans le commerce, sur l' honneur de Macpheerson ! Non , vous buvez ce fou; c'est speerit , et ça vous sera guidé . "

Elle suivit son conseil, avalant son esprit tandis qu'il la regardait avec approbation. Sa force se diffusait à travers elle sous forme de vagues de chaleur, lui remontant le courage et pourtant, curieusement, lui donnant envie de pleurer.

M. Macpherson contempla solennellement la petite bouteille, secouant la tête avec quelque chose qui ressemblait à un soupir.

« Et « où vas- tu » ? » » demanda-t-il en remettant le bouchon.

"Je vais en ville", répondit-elle. "Je rentrais chez moi à pied, seulement la tempête———"

"Tae toon ? Veux - tu pas m'emmener avec moi et le garçon ? Je vais te conduire à toon."

"Devez-vous y aller?" » demanda-t-elle, ravie.

Il y aurait le diable je vais payer si je reste absent . Oui, je l'ai tae gang là-bas, et aussi vite que la jument peut trotter. Me laisseras-tu t'aider ? »

"Oui", dit-elle; "merci beaucoup."

Il l'a hissée. Et elle et son étrange compagnon, accompagnés d'un gamin qui ne prononçait jamais un mot, firent un bon départ.

«Je vous suis tellement obligée», murmura-t-elle en se réjouissant; "tu ne sais pas!"

"Il n'y a aucun appel pour personne obligation ; c'est très bientôt le bienvenu. Je pense que l'échantillon vous a beaucoup aidé , hein ?"

"C'est effectivement le cas ; cela m'a fait me sentir une femme différente."

"Eh, mais c'est un grand speerit !" dit le vieux monsieur avec une ardeur ravivante . "Il n'est pas nécessaire d'en parler, et c'est un fait ; votre propre langue vous chante sa perfection pendant que vous le soupez. Vous pouvez trouver d'autres maisons pour vous servir à moindre coût, je ne le nie pas ; mais tae ceux qui peuvent placer l'article le plus important, il n'y a pas de maison comme celle de Pilcher. Et les meilleurs de Pilcher ne peuvent pas être battus dans le commerce. Je n'ai aucun intérêt à vous mentir , vous le savez ; et je ne pourrais pas non plus vous emmener avec les vins et les spiritueux . avais-je l'esprit. Il y a l'avantage avec « les vins et les spiritueux ; vous ne pouvez pas tromper ! Vous avez l'échantillon, et « vous avez le chiffre – est-ce que je réserverai la commande ou je ne le ferai pas ?

"C'est donc votre affaire, M.——?"

"Voulez -vous ne pas prendre ma carte ?" dit-il en en produisant un gros ; " là, mets-le de côté . Si jamais tu as besoin, ma fille, un mot à Macpheerson , prends soin de l'entreprise... "

"Comme c'est gentil de ta part!" s'exclama-t-elle.

"Non, un peu", dit-il; "Vous ne pouvez jamais prédire ce qui peut arriver, et si c'est pour vous -même, vous en avez besoin, ou si c'est une recommandation, vous saurez que vous achetez au prix de gros."

Elle lui jeta un regard surpris et détourna à nouveau le regard. Et ils roulèrent plusieurs minutes en silence.

"Peut-être que vous connaissez un membre de la famille , pourquoi je serais susceptible de réserver une commande, non ?" fit remarquer incidemment M. Macpherson. "Sherry ? Est - ce que vous ne connaissez pas une famille qui a besoin de sherry ? Je peux leur faire du sherry avec un chiffre qui leur coupera le souffle . Vous ne pouvez pas soupçonner le profit - les pauvres profit inéquitable – ce sherry est vendu au détail ; avec « trois citations de la marque souvent eno », et « un vin inventé en plus ! Non , je pourrais fournir celui de ton ami wi ' 'Crossbones'——le meilleur du métier, sur l' honneur de Macpheerson ——si vous arrivez à ha'e quelqu'un qui——"

"Je n'en ai pas", dit-elle, "il se trouve que j'en ai."

"Voilà la famille où vous travaillez , dirons-nous ; une famille nombreuse peut-être, avec une cave. Pour une famille nombreuse, il faut s'approvisionner au prix de gros..."

"Je suis désolé, mais je ne travaille pas."

"Tu ne travailles pas, et tu n'as pas d'amis ?" Il la regarda avec curiosité. "Alors, ma chère jeune fille , vous ne me penserez pas impertinente si je vous demande comment diable vous vivez ?"

L'idée folle lui vint à l'esprit que peut-être il pourrait peut-être la mettre sur la voie de quelque chose – quelque part – d'une manière ou d'une autre !

"Je suis une étrangère à Londres", répondit-elle, "à la recherche d'un emploi, toute seule."

"Eh", a déclaré M. Macpherson, "c'est mauvais, c'est vraiment mauvais!"

Il fouetta le cheval et, après ce commentaire momentané, il tomba dans la rêverie. Elle se disait idiote de ses peines et regardait bêtement les champs mélancoliques.

« Qu'est-ce que tu restes, bottes ? » » demanda-t-il après qu'ils eurent dépassé le Swiss Cottage.

Elle lui a dit. "S'il vous plaît, ne me laissez pas vous éloigner de votre chemin", a-t-elle ajouté.

"Vous n'êtes pas loin de ma maison ", a-t-il déclaré. "Vous feriez mieux de venir vous réchauffer avant de vous mettre à pied . Vous n'êtes pas pressé, je suppose ?"

"Non mais--"

"Oh, la maîtresse n'y verra pas d'inconvénient. Entrez simplement avec moi !"

Leur conversation progressa par à-coups jusqu'à ce que son domicile soit atteint. Laissant le piège aux soins du garçon, qui aurait pu rester muet suite à toute indication contraire qu'il avait donnée, M. Macpherson la conduisit dans un salon , où une bouilloire fumait de manière invitante sur la plaque de cuisson.

Il fut accueilli par une petite femme, évidemment l'épouse dont il était question ; et une progéniture rose, appelée Charlotte, apporta à son ancêtre une paire de pantoufles. La présentation de Mary à son cercle familial fut brève.

"C'est une jeune fille ," dit-il, "à qui je l'ai emmené. Mais je ne connais pas ton nom ?"

"Je m'appelle Brettan ", a-t-elle répondu. Puis, se tournant vers la femme : "Votre mari a eu la gentillesse de m'empêcher de rentrer chez moi à pied depuis Finchley , et maintenant il m'a fait venir avec lui."

"C'était une bagarre pas pour une promenade", a déclaré Macpherson.

"Je suis sûre que je suis heureuse de vous voir, mademoiselle", répondit la femme en joyeux Cockney. "Viens au feu et sèche-toi un peu, fais-le !"

La gêne initiale était très légère, car les expériences de Mary en bohème étaient ici utiles. Les gens étaient également bien intentionnés et, ne rencontrant aucun embarras pour entraver leur cordialité, ils se mirent rapidement à l'aise. Cela a rappelé à l'invitée certaines de ses arrivées en tournée ; d'une en particulier, lorsque la compagnie de la semaine précédente n'était pas partie et qu'elle et Tony avaient traversé la moitié d'Oldham à la recherche de chambres, pour finalement s'asseoir avec leur conservateur pour manger du pain et du fromage dans sa cuisine ! C'était répugnant de voir à quel point Tony revenait sans cesse vers elle, et toujours dans les épisodes où il avait été joyeux et affectueux !

« Votre mari me dit qu'il travaille dans le commerce du vin », observa-t-elle à la table du thé.

"Il l'est, mademoiselle ; et n'épousez jamais un homme qui voyage dans cette lignée", répondit la femme, "sinon la meilleure partie de votre vie vous ne saurez pas si vous êtes mariée ou non !"

« Il est souvent absent, tu veux dire ?

"Absent ? Il n'est à la maison qu'environ deux mois par an - une quinzaine de jours à la fois, c'est ce qu'il est ! Tout le reste, il se promène d'un endroit à l'autre comme un bohémien errant. Charlotte répète sans cesse : "Maman, J'ai un père, ou bien, n'est- ce pas ? — n'est-ce pas , Charlotte ?

"Papa est horrible !" dit Charlotte, la bouche pleine de pain et de marmelade. "C'est pas grave, papa, tu n'y peux rien !"

"Eh, c'est une triste poursuite !" » répondit sombrement son père. À la lueur de son propre coin du feu, Mary s'aperçut avec surprise que son enthousiasme pour « ses vins et ses boissons » avait disparu. "Awa' frae ta femme et ' bairn , flattant tae ces cours vénéneux qui ruinent l'âme immortelle ! Chaque cœur connaît sa propre amertume, jeune fille ; et la Providence, dans sa mystérieuse sagesse, ne m'a jamais destiné au commerce du vin et du spiritueux .

"Oh mon Dieu," dit Charlotte, "maman l'a fait !"

"Ce n'était pas votre mère ", a déclaré M. Macpherson; "C'est ma conscience , et vous le savez ! Parce que je ne vois pas les voyageurs eux-mêmes succomber . " le « j'en sirote » et je le déguste gratuitement Du matin jusqu'au soir ? Il y avait Burbage, je me souviens bien , et il y avait Broun ; Des hommes guides tous deux – il n'y a pas de meilleurs hommes sur la route ! Qu'est-ce que Burbage, non , qu'est - ce que Broun ? »

"Envole-toi, Pierre, envole-toi, Paul !" interpola Charlotte.

"Disparu!" continua M. Macpherson, répondant à sa propre question par une onction morbide. "Acte ! Que le Seigneur soit loué, j'ai le bon sens pour résister à l' infernal tipplin ' masel '. C'est le moment où je parle à un homme dans le domaine des affaires, tu sais, je retourne ce foutu verre quand il est na regarder dans '. Mais il y a les gens que je vends à toi , et les autres ; qu'est-ce qu'ils font ? C'est mon métier de louer le mal— tae apportez -le dans le monde, diffusez -le pour la destruction de l'humanité . Eh, ma responsabilité est horrible à envisager .

"Je suis sûre, James, tu veux dire première classe," dit faiblement la petite femme. "Viens allumer ta pipe confortablement, maintenant, et ne t'inquiète pas , c'est un homme bien !"

Le voyageur écarta la pipe.

" Il y a une voix encore petite , " dit-il, " vous ne pouvez pas faire taire avec ' ' bacca ; vous ne pouvez pas le faire taire avec ' des herbes ni avec du linge fin. C'est avec moi non , répondez aux questions . Elle dit : ' Macpheerson , Comment justifiez- vous votre conduite volontaire ? Pourquoi glorifiez - vous les professeurs de l' air au - dessus de votre salut spirituel , mon garçon ? Ne savez-vous pas que les orphelins manquent de dîner grâce à votre éloquence, et que les veuves sont prodigues de malédictions sur et tes échantillons et tes manières ? Je ne peux pas répondre. Il y a des moments où la voix ne me laisse pas dormir, vous le savez bien ; il y a des moments où ... "

"Il y a des nuits où tu fais le plus d'efforts, James, je sais."

"Femme, c'est la voix d' avertissement qui s'adresse au pécheur dans sa transgression ! N'y a-t-il pas de " viséetations" eno 'à propos de moi, et ' dae je ne deviens pas ma een fraye -les; Endurcir mon cœur et poursuivre les louanges de Pilcher avec une langue d'argent ? Il y avait un lundi au Peacock - un lundi dans le principal ligne insipide - et il a bu sa bouteille de sherry, et il a appelé pour son whisky et son eau , et il s'est levé pour faire un discours après le dîner commercial. « La Reine, messieurs ! il pleure en levant son verre ; et « avec » qu'il a laissé tomber l'acte, avec « le nom de la dame royale sur ses lèvres ! C'était un grand homme rouge - il aurait fait deux choses avec moi.

Il semblait considérer la circonférence du défunt comme un autre aspect inquiétant. Ses bras étaient tendus en signe de cela, et il les agita vers le haut comme pour laisser entendre que Charlotte pourrait détecter Nemesis dans les environs se préparant à un coup.

"Vous prenez la chose trop au sérieux", dit Mary. "Neuf personnes sur dix doivent être ce qu'elles peuvent, tu sais ; il n'y a que le dixième qui peut être ce qu'il veut."

La petite femme demanda quelle était sa propre vocation.

"Je suis vraiment désolée de dire que je n'en ai pas", répondit-elle. "Je ne fais rien."

Il y a eu un moment de contrainte.

« Malheureusement , je ne connais personne ici, reprit-elle ; "Il est très difficile d'obtenir quoi que ce soit quand il n'y a personne pour parler en votre nom."

"Il le faut ! Mais, seigneur ! il faut tenir bon. C'est un long chemin qui ne tourne pas, comme on dit."

"Seulement, on ne sait pas où mènera le virage; un chemin vaut mieux qu'une tourbière."

« Est-ce qu'elle ne ferait pas l'affaire pour Pattenden ? » suggéra la femme d'un ton songeur.

"Pour qui?" s'exclama Marie. « Pensez-vous que je peux obtenir quelque chose ? Qui sont-ils ?

"James?"

"Chez Pattenden ?" Il a répété. « Et quoi ? Est-ce qu'elle irait chez Pattenden ?

"Eh bien, soyez agent, bien sûr - comme vous l'étiez!"

Mary regarda de l'un à l'autre avec ; anxiété.

" Eh bien , non , ce n'est pas une mauvaise idée ", dit M. Macpherson d'un ton méditatif ; " Pensez -vous pouvoir vendre des livres, jeune fille , à votre commande — un demi -souverain, disons, pour chaque commande que vous prenez ? Je pense qu'une jeune femme pourrait le faire . c'est un commerce équitable.

"Oh oui," répondit-elle; "Je suis sûr que je pourrais le faire. Un demi-souverain chacun ? Où vais-je ? Vont-ils m'emmener ?"

"Je ne sais pas anticipez que vous rencontrerez beaucoup de difficultés aboot qu'ils vous prennent : ils ne risquent rien avec ça ! Je vais vous donner l'adresse. Ce sont des éditeurs, et vous vous contentez de leur M. Collins quand vous y allez ; dites-lui que vous avez envie de les représenter lors de leurs publications . Si vous le souhaitez, j'écrirai votre nom sur une ou plusieurs cartes principales ; et vous pouvez le lui envoyer .

"Oh, fais-le!" dit-elle.

« Vous ne devez pas imaginer que c'est une fortune que vous allez faire », observa-t-il ; "C'est différent de la position principale avec les vins et les speerits , vous savez : avec Pilcher, c'est un salaire fixe, et Pilcher paie mes dépenses."

"Pilcher paie *nos* dépenses !" affirma Charlotte la pensive.

"Ils le sont ", acquiesça le voyageur ; " Il y a une chance d'économiser 20 shillins par jour pour un parent économique. Mais avec Pattenden, c'est précaire ; une semaine est gratuite , et une autre semaine est mauvaise. "

«Je n'ai pas peur», dit hardiment Mary; " quoi que je fasse, c'est mieux que rien ! J'y irai demain, à la première heure. Merci beaucoup ; et à vous aussi, Mme Macpherson, d'y avoir pensé. "

"Je suis sûr que je suis content de l'avoir fait ; on ne peut pas dire que ce que tu feras peut-être de premier ordre après un moment. C'est un début pour toi, de toute façon ."

"C'est vrai ! Mais pourquoi les éditeurs ne peuvent-ils pas payer un salaire identique à celui de l'entreprise de votre mari ?"

" Ah ! ce n'est pas le cas ; en tout cas, pas au début. En plus, James est chez Pilcher depuis dix ans maintenant ; il ne gagnait pas autant quand il a commencé avec eux. "

« Une des raisons est que beaucoup plus de gens achètent des spiritueux que des livres ! » dit Charlotte. "Pennsylvanie!"

"Eh, ma fille ?"

"La dame va devenir agent——"

" Bien ?"

"Alors, papa," dit Charlotte, "ne boirons-nous pas tous à la chance de la dame dans un échantillon ?"

" Espèce de nain," s'écria son père avec colère, "vous n'avez pas honte de faire une proposition ? Tu ne boiras pas un échantillon, n'est-ce pas, jeune Leddy ?"

"En effet, je ne le ferai pas!" répondit Marie.

"Non, mais qu'est-ce que tu es le bienvenu."

"Merci", dit-elle; "Je ne le ferai pas, vraiment."

« Eh bien, mais vous le ferez alors, » s'écria-t-il ; "Un petit échantillon, vous et Mme Macpheerson ! Quel est mon sac ?"

Malgré ses protestations , il sortit une bouteille et l'hôtesse sortit quelques verres du placard.

"Port!" il a dit. "Les liqueurs du diable en ont; mais, s'il y a une distinction , peut-être qu'un tout petit peu de la 'Balance des Quatre Raisins' mérite le moins sa condamnation." Ses émotions contradictoires retardèrent le toast pendant un certain temps. "Les liqueurs du diable !" » gémit-il encore, touchant la bouteille d'un air irrésolu. "Eh, mais c'est la 'Balance des Quatre Raisins'", murmura-t-il avec une admiration réticente, regardant l'échantillon à contre-jour. "Là ! Vous pouvez bien le boire, mais masel ", je ne toucherais pas un drap . Et quant à vous, petit Cockney bairn , si je vous surprends à goûter quelque chose de plus fort que le thé dans vos jours , ou connaissant la saveur des choses pernicieuses , c'est le devoir de votre père affligé d' attirer les esprits sans méfiance avec — de tenter les fragiles vers leur ruine éternelle, et de « servir » le diable quand son regard est sur le Seigneur — je je vais te cuirer!"

Charlotte rigola nerveusement – à la manière de Figaro, pour ne pas être obligée de pleurer ; et Mme Macpherson, portant le verre à ses lèvres, dit : « Chance !

"Chance!" ils ont tous fait écho.

Et Mary, consciente que sa carrière ne serait pas héroïque, était également consciente qu'elle n'était pas une héroïne. "Je suis", se dit-elle, "juste une femme vraiment malheureuse, dans une situation très désespérée. Alors laissez-moi faire tout ce qui se présente et soyez profondément reconnaissante que tout puisse être fait."

CHAPITRE IV

La richesse de MM. Pattenden and Sons, qui était considérable, n'était pas indiquée par la disposition de leur succursale de Londres. Un escalier étroit, pas très propre, menait à une paire de portes peintes respectivement « Entrepôt » et « Privé » ; et après avoir fait la cérémonie superflue de frapper au premier, Mary se trouva devant un comptoir grossier, derrière lequel deux ou trois jeunes gens étaient occupés à empiler des livres. Il y avait des livres à profusion, des livres en virginité, des livres tentants et agréables à regarder. Volume sur volume, croustillants dans leur couverture et brillants dans leurs bords, ils étaient empilés sur la table et entassés sur le sol ; et les jeunes hommes les manipulaient avec aussi peu de souci que s'il s'agissait d'épicerie. Telle est la force de la coutume.

En réponse à sa demande, son nom et la carte furent envoyés à M. Collins par un garçon miniature doté d'une bouche bée qui menaçait de lui arracher la tête et, en attendant l'entretien, elle tenta de maîtriser sa nervosité.

Un homme avec une sacoche entra précipitamment et fit précipitamment référence au « Vol. deux du *Dic* ». et "Le quatrième de l' *Ency* ". Contre la fenêtre, un comptable au teint frais et à l'air mélancolique comptait des colonnes.

Voyant que tout le monde, le comptable mélancolique non excepté, la regardait avec satisfaction, elle conclut que les femmes étaient rarement employées ici, et elle trembla de peur que sa candidature ne soit refusée. Elle s'assura que l'Écossais n'aurait jamais parlé avec autant d'assurance d'une issue favorable s'il n'avait pas été raisonnable de s'y attendre, mais le doute étant entré dans son esprit, il était difficile à dissiper. L'idée lui vint qu'elle pourrait étonner le comptable en lui disant qu'elle était au bord du dénuement. Les jeunes emballeurs en sueur, sûrs de leurs dîners de temps en temps, se tournaient vers ses individus pour être félicités de leur prospérité, et, aussi malchanceux qu'ils fussent, il est un fait que le sort d'une personne est rarement aussi pauvre mais que celui d'une autre personne pire encore. on peut trouver à l'envier. Le comptable qui est devenu hagard à l'emploi de l'entreprise avec quelques livres par semaine fait l'envie du commis qui vit avec dix-huit shillings, et l'homme qui balaye quotidiennement le bureau pense à quel point il serait heureux à la place du comptable. greffier. Le gamin qui vend des allumettes sous la pluie envie le garçon de bureau abrité, et l'abandonné sans argent pour investir envie le vendeur d'allumettes. Les degrés de misère sont si infinis et l'instinct d'envie est si enraciné que lorsque deux vagabonds accroupis sous un pont se serrent la ceinture pour apaiser les rongeurs de leur faim, l'un des deux trouvera de quoi être envié dans le les haillons du paria qui souffre à ses côtés.

Le jeune de MM. Pattenden réapparut et, avec un bâillement si énorme qu'il éclipsa son effort précédent, dit :

"Mlle Brettan !"

M. Collins était assis dans un compartiment juste assez grand pour contenir un bureau et deux chaises. Il inscrivit Mary au poste vacant et lui lança un regard constant d'appréciation. Homme qui avait accédé au poste de directeur du département itinérant d'une entreprise qui publiait sur le plan d'abonnement, il était en quelque sorte un lecteur de tempérament ; un homme qui avait accédé à ce poste par étapes faciles alors qu'il était encore jeune, il était gentil et n'avait pas perdu sa générosité en cours de route.

« Bonjour », dit-il ; "que puis-je faire pour vous?"

"Je veux vous représenter avec une de vos publications", répondit-elle. "M. Macpherson a eu la gentillesse de me proposer la présentation, et il a pensé que vous seriez en mesure de vous arranger avec moi." La nervosité était à peine visible. Elle était bien entrée et parlait sans hésitation, d'une voix musicale. Toutes ces choses que M. Collins a notées. Avant qu'elle lui ait expliqué son désir, il avait souhaité qu'elle puisse l'avoir. Il existe de nombreux types d'agents de livres, et des publicités habiles faisant allusion à des revenus nobles, sans être explicites sur la nature de l'activité, avaient amené à maintes reprises des hommes professionnels démunis et des dames modestes à s'asseoir sur cette chaise. Mais ces candidats s'étaient généralement visiblement refroidis lorsque les exigences de la vocation étaient insinuées ; et en voilà une, aussi raffinée que n'importe laquelle d'entre elles, qui comprit qu'elle devrait démarcher et se prépara à le faire ! M. Collins s'est presque frotté les mains.

"Quelle expérience as-tu vécue ?"

"En... en tant qu'agent ? Aucun. Mais je suppose qu'avec une bonne dose d'intelligence, cela n'a pas beaucoup d'importance ?"

"Pas du tout." Pour une fois, il était presque perdu. En règle générale , c'était lui qui préconisait cette tentative, et le novice assis sur la chaise qui devenait réticent.

"Je suppose", dit Miss Brettan , dissimulant son ravissement, "que l'art du commerce est de vendre des livres à des gens qui ne veulent pas les acheter ?"

"Juste comme ça : du tact et la capacité de parler de votre spécimen sont ce qui est recherché. Surveillez toujours le visage de la personne à qui vous le montrez et ne regardez pas le spécimen lui-même. Vous devez le savoir par cœur."

"Oh!"

"Supposons que vous montrez une encyclopédie ! Lorsque vous retournez les planches, vous devriez être capable de dire à ses yeux quand vous en trouvez une qui illustre un sujet qui l'intéresse. Ensuite, parlez de ce sujet - dans quelle mesure il est réglé. Vous voyez ?

"Je vois."

"Si vous pensez qu'il ressemble à un homme marié et qu'il est assez vieux pour fonder une famille, dites à quel point une encyclopédie est utile comme référence générale dans un foyer - combien elle est précieuse pour les enfants lorsqu'ils écrivent des essais et autres."

"Vas-tu m'engager pour une encyclopédie ?"

Il a souri.

"Vous êtes pressée, mademoiselle———"

" Brettan . Suis-je trop pressé ? "

"Eh bien, vous devez être patient, vous savez, avec les abonnés potentiels. Si *vous vous* précipitez, *ils* le feront aussi, et la réponse la plus simple à donner dans l'urgence est 'Non'. Je ne suis pas sûr de vous envoyer avec l' *Ency* ... ; au bout d'un moment, peut-être ! Aimeriez-vous essayer, pour commencer, une nouvelle œuvre qui n'a jamais été étudiée ?

"Est-ce que ce serait mieux ?"

"Oui ; il y a moins à apprendre, et vous n'avez pas besoin d'avoir peur d'entendre : 'Oh, j'en ai déjà un !'"

"Je n'y avais pas pensé. Qu'y a-t-il, M. Collins ?"

Il toucha une cloche et dit au garçon d'apporter un spécimen de l' *album* .

« Quatre demi-volumes à douze et six pence chacun, dit-il en se tournant vers elle, *L'Album des inventions* . Il donne l'histoire de toutes les principales inventions, avec une brève biographie des inventeurs. Vous voulez savoir qui a inventé le regardez — cherchez sous W ; le téléphone — tournez-vous vers T. C'est une histoire du progrès de la science et de la civilisation ... « L'origine des inventions et les vides qu'elles comblent », telle est l'idée. Ah, la voici ! Maintenant, regarde ça et dis-moi si tu penses que tu pourrais en faire du bien. »

Elle sortit de son étui un mince livre à la reliure cramoisie et le feuilleta.

"Oh, je pense certainement que je pourrais", dit-elle ; "J'aimerais quand même essayer."

"Très bien, vous serez le premier agent à parcourir l'*Album* pour nous."

"Et qu'en est-il des conditions ?" elle a interrogé.

" Les conditions, Miss Brettan , devraient vous être d'ici très peu de temps environ cinq ou six livres par semaine. Vous pouvez gagner plus ; nous avons des voyageurs avec nous qui gagnent leur vingt. Mais pour commencer, disons cinq ou six. "

"Vous voulez dire que ce serait mon salaire de départ ?" » demanda-t-elle calmement.

"Non, pas comme salaire", dit-il avec insouciance aussi. "Je veux dire que vos commissions équivaudraient à cela." A son ton, on aurait pu supposer que la formalité l'obligeait à distinguer ces sources de revenus, mais qu'il s'agissait pratiquement d'une distinction sans différence. "Pour chaque commande que vous nous apportez pour l'Album, nous vous accordons une demi-guinée. Le samedi, vous n'avez pas besoin de sortir, c'est un mauvais jour, surtout pour rencontrer des hommes professionnels. Mais en disant que vous faites douze appels cinq jours par semaine, et hors de toutes les douzaines d'appels, tu prends deux commandes, tu as tes cinq guinées par semaine aussi régulièrement que sur des roulettes ! Je vais te dire ce que je vais faire : donne-moi juste un reçu pour le spécimen, et rentre chez toi ce matin et étudie-le. " Demain, revenez me voir à dix heures. Et chaque jour je vous dresserai une petite liste de personnes qui sont déjà chez nous abonnés à tel ou tel ouvrage - je pourrai repérer les adresses qui couchez-vous les uns à côté des autres, et vous aurez alors l'avantage de savoir que vous attendez des acheteurs et de ne pas perdre votre temps.

"Merci beaucoup", dit-elle.

"Voici le carnet de commandes. Vous voyez qu'ils doivent remplir un formulaire. Chaque fois que vous apportez rempli, cela vous rapporte une demi-guinée. Vous n'avez plus de problème, un livreur fait le tour des volumes et récupère l'argent. Il suffit d'aller chercher l'argent. " L'ordre a été signé et votre responsabilité est terminée. Est-ce que ça va ? "

"C'est d'accord."

Il se leva et lui serra la main.

« À dix heures, répéta-t-il. "Si longtemps!"

Elle descendit les escaliers sales avec enthousiasme. L'aspect du monde avait changé pour elle en un quart d'heure. Et dire qu'elle n'aurait jamais rêvé d'essayer Pattenden's - n'aurait jamais entendu parler de ce métier - si elle n'avait pas rencontré M. Macpherson, n'était pas allée à Finchley , n'avait pas été si fatiguée qu'après s'être séparée de son dernier sou au rédaction--

Le souvenir de sa misère actuelle lui revint en mémoire. Avec cinq guinées par semaine qui lui arrivaient directement, elle n'avait pas d'argent pour vivre entre-temps. Se promener dans les rues toute la journée, sans même un biscuit entre les maigres repas à la maison, serait impossible. Elle se demandait désespérément ce qu'il lui restait à mettre en gage, ce qu'elle devait faire. En gagnant sa chambre, elle regarda tristement son petit sac de linge ; elle ne pensait pas pouvoir emprunter quoi que ce soit sur des articles comme ceux-ci, ni en épargner aucun, ni trouver le courage de les mettre sur un comptoir. Soudain, l'inspiration lui vint : il y avait là le sac lui-même. Et au crépuscule, elle sortait avec. Cette fois, le prêteur sur gages omit de lui demander si elle avait un sou ; il déduit le prix du billet du montant du prêt. Prenant le taureau par les cornes, elle chercha ensuite la propriétaire et lui dit qu'elle ne serait pas en mesure de payer la facture imminente lorsqu'elle arriverait, mais qu'elle paierait celle-là et la suivante ensemble.

"J'ai trouvé du travail", dit-elle, se sentant comme une femme de ménage. "Si cela ne vous dérange pas de le laisser en attente———"

Mme Shuttleworth s'essuya les doigts sur son tablier et accepta avec moins d'hésitation que son locataire ne l'avait craint.

Convaincue que son spécimen était maîtrisé – elle avait répété deux ou trois petits élans d'éloge funèbre qui, à son avis, auraient semblé spontanés – Mary envisageait maintenant de faire appel aux Macpherson pour les informer du résultat de leur suggestion. Réticente à s'immiscer, elle était à moitié décidée à écrire, mais avec ses moyens limités, le timbre était un objet, et d'ailleurs, elle n'était pas sûre du numéro. Elle a décidé de la visite.

La porte fut ouverte par Charlotte et, expliquant à la hâte le motif de l'appel, Mary la suivit à l'intérieur. Elle trouva le salon dans un état de confusion et comprit du trio que le destin, sous la forme de celui de Pilcher, avait ordonné que M. Macpherson soit arraché à sa famille une semaine plus tôt que la séparation n'avait été prévue.

« Il va à Leeds demain », s'écria distraitement la petite femme, opprimée par une brassée de chemises qui lui tombaient une à une à mesure qu'elle bougeait ; "et ce n'est que cet après-midi que nous en avons entendu parler. Oh mon Dieu ! oh mon Dieu ! combien ça fait, James ?"

"Il est trente-trois heures", dit le voyageur , "et, comme vous le savez bien, il devrait être trente-sax ! Je ne vois pas l'utilité d' un corps portant des chemises à trente sax s'il n'est jamais possible de les retrouver. "

"J'ai peur d'être sur le chemin", murmura Mary; "Je suis juste entré pour vous dire que tout était satisfaisant et pour vous dire à quel point je vous en suis obligé. Je ne m'arrêterai pas."

"Tu ne gênes pas du tout. Tu en as une, James : ça fait trente-quatre ! Ma chérie, ça te dérangerait de compter ces chemises pour moi ? Je déclare que j'ai la tête qui tourne !"

Elle tendit faiblement le paquet à Mary et, se laissant tomber sur la boîte du voyageur , la regarda avec des yeux harassés.

en a trois douzaines ", dit Charlotte avec fierté, " à cause de la difficulté de les laver quand il se promène autant. Je pense, cependant, qu'on les perd en route, papa. "

"C'est une pensée idiote, c'est comme toi", répondit brièvement son parent. "Jeune Leddy , qu'est - ce que tu fais ?".

"Il n'y en a que trente-trois ici", répondit Mary en luttant pour rire, "et... et un a trente-quatre !"

« Trente-trois », s'est exclamé M. Macpherson, « et voilà, c'est trente-quatre ! Deux chemises manquantes , deux chemises à cinq heures et cinq pence chacune gaspillées – perdues par une négligence répréhensible ! » Il s'assit sur la loge à côté de sa femme et la contempla sévèrement. « Aweel », dit-il enfin, sociable dans les difficultés, « et Collins était agréable, me dites-vous ? »

"Il était vraiment très gentil."

« Hoh ! » il soupira, "tu le feras non gagnez un sou avec ça. Mais la poursuite peut servir à vous occuper ! »

"Tu ne gagneras pas un centime avec ça ?" elle a éjaculé.

"Ne vous occupez pas de lui", dit son partenaire; "Il a le 'ump, c'est ça qu'il a !"

« Cela peut vous servir à occuper votre esprit », répéta funèbrement M. Macpherson ; "C'est agréable de marcher par beau temps. Maintenant, attention, Oman , je ne partirai pas sans mes twa shirts. Je ne peux pas les bannir de ma mémoire."

"Bénis et sauve-nous, James, n'ai-je pas fouillé tous les tiroirs de la maison ?"

« Je réapprovisionne sans cesse ces trente sax, et c'est toujours court », se plaignit-il ; "Veux - tu non regarder dans le keetchen ?"

Elle fut absente quelque temps durant la quête et Charlotte interrogea Mary sur les détails de son entretien chez MM. Pattenden. Elle a dit qu'elle savait que « Papa était avec eux depuis plusieurs années », donc l'entreprise ne pouvait pas être aussi peu rentable qu'il venait de le prétendre. Appelée à son soutien, cependant, son père soupira à nouveau, et il était évident qu'il était poussé à adopter une vision inhabituellement pessimiste de tout ce soir-là. Une brève référence à un « gouffre d' iniquité » fut acceptée comme un commentaire sur le commerce du « vin et du vin » , mais il n'avait rien de joyeux à dire non plus à propos des livres ; et, reconnaissant la futilité de tenter une retraite gracieuse, le visiteur se leva brusquement et leur souhaita au revoir. Mme Macpherson la rejoignit dans le passage, sans les chemises.

« Bonne nuit, mademoiselle », murmura-t-elle ; " Ne soyez pas déprimé. Ayez du culot et vous vous entendrez comme un feu de camp ! Quant à moi, je retourne à la cuisine et je compte m'arrêter là. "

Au troisième pas de Marie, elle lui cria de revenir.

"Jamais", a-t-elle ajouté, "va vous installer chez un voyageur . Vous risquez de le chercher , mais ne le faites pas!" Elle tourna la tête vers le salon . "C'est un homme bon, ma chère, mais ses chemises étaient ma croix du jour de notre mariage !"

Mary lui assura qu'il fallait garder cet avertissement à l'esprit et laissa la petite personne s'essuyer le front. La remarque sur le mariage, si inutile soit-elle, la chagrinait. Hier soir aussi, on avait évoqué cette possibilité, et, sachant qu'elle ne pourrait jamais être la femme d'un homme, cette suggestion la secoua douloureusement. Comme elle avait gâché sa vie, pensa-t-elle, et pour un homme qui ne se souciait pas d'elle !

L'affirmation selon laquelle il ne se souciait pas d'elle était plus amère pour son âme que le fait de savoir qu'elle avait détruit sa vie. Avoir un amour méprisé est toujours une torture plus vive pour une femme que pour un homme ; car une femme s'abandonne moins facilement, pense davantage à ce qu'elle donne et compte encore et encore les trésors dont elle dispose - en fin de compte pour se réjouir de savoir combien elle va donner. Si l'une des perles qu'elle a déposées avec tant de révérence aux pieds de son maître reste là, elle l'exonère et s'accuse. Mais ses caresses ne comblent jamais complètement la blessure insoupçonnée. S'il arrive qu'il les néglige tous, alors la femme, mendiée et non remerciée , se demande pourquoi le soleil brille et comment les gens peuvent rire. Certaines femmes peuvent reprendre un amour mal orienté, effacer la suscription et y répondre à nouveau. D'autres ne le peuvent pas. Marie ne le pouvait pas. Elle s'était allongée dans les bras de Seaton et l'avait embrassé ; l'orgueil lui disait d'avoir honte de ce souvenir ; son cœur y trouvait de la nourriture. Tout était fini, tout était terrible, tout cela devait la faire frissonner et se révolter. Mais la profondeur de son dévouement avait été démontrée par l'ampleur de son péché, et elle ne pouvait pas, parce que le sacrifice avait été mal apprécié, dire : « C'est pourquoi, en tout sauf dans ma misère, ce sera comme si je n'avais jamais fait il."

Elle ne pouvait pas, alors qu'elle éloignait continuellement d'elle la fièvre, arracher la tendresse de son être, rappeler sa culpabilité et oublier son motif.

Le péché de sa vie avait été causé par son amour, et, adviennent le bonheur, viennent les malheurs, viennent la gratitude ou l'insensibilité, un amour qui avait été responsable d'une telle chose n'était pas un sentiment qu'il fallait arracher et détruire selon les diktats. du bon sens. Ce n'était pas quelque chose que Carew pouvait tuer avec bassesse. Elle aurait pu le regarder en face et jurer qu'elle le détestait ; elle sentait que, même si cela n'était peut-être pas tout à fait vrai, elle ne pourrait plus jamais lui toucher la main ni s'asseoir dans une pièce avec lui. Mais ni son mépris pour lui ni pour sa propre faiblesse ne pouvaient effacer le souvenir des heures de passion, des années de communion, où si l'une d'elles avait dit : « Je voudrais », l'autre avait répondu : « Dis que *nous* devrions !"

Il était heureux pour elle que les exigences de sa situation lui fournissaient des inquiétudes qui enfermaient dans une large mesure ses pensées dans des limites plus saines. Le lendemain, sa principale idée était de se distinguer dans son expédition préliminaire. M. Collins, fidèle à sa promesse, lui avait préparé une liste. Les maisons se trouvaient toutes dans le voisinage de l'abbaye, et pour la plupart, lui dit-il, des bureaux d'ingénieurs civils. Il a déclaré que les ingénieurs civils constituaient une « classe probable », la principale objection à leur encontre étant qu'ils étaient « si bestialement irréguliers dans leurs mouvements ». Lorsqu'elle aurait « travaillé à Westminster », ajoutait-il, il la ferait entrer parmi les avocats et les membres du clergé.

"Entrez quand vous aurez fini et dites-moi comment vous allez", dit-il aimablement. "Je suppose que vous n'avez pas une poche assez grande pour contenir votre spécimen ? Peu importe ! Gardez-la hors de vue autant que possible lorsque vous demandez des gens ; et demandez-les comme si vous alliez leur donner une commission pour construire un pont."

Elle sourit avec confiance ; et, apaisant les scrupules du colportage avec le baume des richesses potentielles, sur lesquelles elle pourrait annoncer un autre emploi si cela s'avérait très désagréable, elle se rendit au bureau marqué « 1 ».

C'était dans la rue Victoria, et le nom de l'homme chez qui elle devait s'immiscer était peint, parmi une ribambelle d'autres, sur un tableau noir à l'entrée. Elle s'est arrêtée et a inspecté cette planche plus longtemps que nécessaire, si longtemps qu'un porteur en livrée lui a demandé qui elle voulait ? Elle lui dit : « M. Gregory Hatch » ; ce à quoi il répondit : « Troisième étage », évidemment en supposant qu'elle utiliserait l'ascenseur. Elle profita de sa supposition, et se sentit d'abord une imposteuse. Le nom de « Gregory Hatch », suivi d'initiales qui n'avaient aucune signification pour elle, lui apparut sur une porte alors que l'ascenseur s'arrêtait ; et avec une nouvelle diminution d' ardeur , elle entra rapidement.

Il y avait plusieurs jeunes hommes conséquents agissant comme commis derrière une étendue d'acajou, et, l'apercevant, l'un de ces êtres seigneuriaux se prélasse en avant et descendit suffisamment de son état élevé pour demander : « Que puis-je faire pour vous ? Son regard ennuyé et hautain parcourut le spécimen.

« Est-ce que M. Hatch est là ?

"Je verrai", dit le jeune d'une voix traînante; il regardait maintenant le spécimen avec méfiance, et il commençait à être encombrant.

"Euh, quel nom ?"

"Mlle Brettan ."

Il entra dans l'appartement marqué « Privé », et la certitude écœurante que, si elle y était admise, le jeune homme serait appelé immédiatement après pour l'expulser, lui donna envie de prendre la fuite avant qu'il ne réapparaisse. Elle se demandait quelle excuse elle pourrait offrir pour un départ précipité, lorsque la porte fut rouverte et il lui demanda « d'entrer, s'il vous plaît ».

Un vieux monsieur à l'air préoccupé était occupé à un bureau ; lui et elle étaient seuls dans la pièce.

« Mademoiselle… Brettan ? dit-il d'un ton interrogatif. "Prenez une chaise, madame."

Il déposa ses papiers et attendit, elle en était convaincue, sa commande pour un pont. Elle prit la place qu'il lui avait indiquée, parce qu'elle était trop gênée pour la refuser, et elle sentit aussitôt que cela allait être considéré comme une impertinence supplémentaire.

« J'ai appelé », balbutia-t-elle (au cours de ses répétitions, elle n'avait jamais pratiqué un discours d'introduction, et elle se détestait pour cette omission), « J'ai appelé, monsieur… » son nom s'était soudainement éloigné d'elle, « en ce qui concerne à un livre que MM. Pattenden m'ont demandé de vous montrer. Si vous me le permettez... "

Elle sortit le spécimen de la boîte et le posa sur le bureau devant lui.

Elle fut soulagée de le trouver beaucoup moins étonné qu'elle ne l'avait prévu. Il toucha même la chose avec hésitation, et elle commença à reprendre ses esprits. Cependant, prendre le livre entre ses mains et en exposer les mérites feuille par feuille était au-delà de ses capacités. Elle a apaisé sa conscience en remarquant que c'était vraiment un très bon livre.

"Il semble que oui", dit le vieux monsieur. " *L'Album des Inventions* , mon cher ! Une nouvelle œuvre ? "

"Oh oui," dit-elle, "nouveau. C'est tout à fait nouveau, c'est une œuvre tout à fait nouvelle." Elle se sentait idiote de répéter sans cesse à quel point c'était nouveau, mais elle ne trouvait rien d'autre à dire.

"Cher moi!" dit encore le vieux monsieur. Il semblait de plus en plus intéressé par l'examen, et il semblait possible qu'il puisse donner un ordre. Jusque-là, toute son ambition avait été de se retrouver à nouveau à la rue sans avoir été maltraitée.

"La beauté de l'œuvre," dit-elle, "euh, c'est qu'elle est si concise. On veut si souvent savoir quelque chose qu'on a oublié quelque chose : qui y a pensé, et comment les autres ont fait avant lui. Je suis sûr, M. Pattenden, que si vous... »

"Hatch, madame, je m'appelle Hatch !"

« Je vous demande pardon », dit-elle. « Je voulais dire « M. Hatch ». J'allais dire que si vous voulez en prendre une copie, c'est très bon marché."

"Et quel peut être le prix ?" Il a demandé.

"C'est en quatre volumes à douze et six pence", dit Mary mélodieusement.

"Les quatre?"

"Oh non, chacun ! Ce sont des volumes épais ; tu trouves que c'est cher ?"

"Non", dit-il; " oh non ! — un livre très précieux, je n'en doute pas. "

"Alors peut-être me donnerez-vous une commande pour cela ?" » s'enquit-elle, à peine capable de contenir son exaltation.

"Non", dit-il, toujours en train de parcourir un article, "je ne le commanderai pas, j'ai tellement de livres."

Elle le regarda avec une déception vide pendant qu'il lisait placidement jusqu'à la fin d'une page.

« Là, » dit-il avec bienveillance ; " une œuvre capitale ! Elle mérite de se vendre largement ; les éditeurs doivent en avoir espoir. Les planches sont audacieuses, et l'affaire me semble d'un haut degré d'excellence. Le défaut que je condamne habituellement dans de telles illustrations est l'erreur de faire "images" d'eux, au détriment de leur utilité ; la clarté est toujours le grand souhait dans une illustration d'un dispositif mécanique. Grâce à cela, l'erreur habituelle a été évitée ; en parcourant le spécimen, j'ai à peine détecté un cas où Je suggérerais une modification. Et, même si je ne le promets pas (il rit avec bonne humeur), mais que, après une inspection plus minutieuse, je pourrais être obligé de tempérer les éloges par le blâme, je suis enclin, dans l'ensemble, à donnez au livre mes chaleureuses félicitations.

"Mais tu l'achèteras ?" demanda Miss Brettan .

" Non, " dit le vieux monsieur, " merci ; je n'achète jamais de livres, j'en ai tellement. Pas de problème du tout ; je suis très content de l'avoir vu. Permettez-moi ! "

Il la salua avec une cérémonie géniale et semblait avoir l'impression qu'il lui avait conféré une faveur .

Le prochain monsieur qu'elle voulait voir était mort. Le numéro 3 était parti en voyage d'essai ; et deux autres messieurs étaient hors de la ville. Le numéro 6, en référence à son papier, s'est avéré être un « M. Crespigny ». Son bureau extérieur ressemblait beaucoup à celui de M. Hatch, et des jeunes hommes plus dédaigneux s'affairaient derrière un comptoir.

Elle attendit que son nom lui soit communiqué. D'après la théorie de M. Collins, cette sixième entreprise devrait lui rapporter une demi-guinée. Elle avait déjà arrangé une petite ouverture et était prête à se présenter en phrases cohérentes. Cependant, au lieu qu'elle soit admise dans la salle intérieure, M. Crespigny en sortit, à la suite de son commis, et il lui incomba d'expliquer publiquement son affaire. C'était un homme de grande taille avec une barbe pointue, et il s'avança vers elle dans un silence interrogateur en allumant une cigarette. Son cœur battait à tout rompre.

« Bonjour », dit-elle ; « MM. Pattenden, les éditeurs, m'ont demandé de vous attendre avec un spécimen d'un nouvel ouvrage qui… »

M. Crespigny lui tourna délibérément le dos et se dirigea vers le seuil du bureau privé sans un mot. Le retrouvant, il parla au malheureux employé.

"Peuh!" s'écria-t-il, tu ne reconnais pas encore un agent de livres quand tu en vois un ?

Il claqua la porte derrière lui et, avec une sensation semblable à celle d'une gifle, elle s'éloigna précipitamment. Ses joues étaient brûlantes ; aucune réplique ne lui vint à l'esprit, même lorsqu'elle se tenait sur le trottoir. C'était une agente de livres, une peste dont l'intrusion *était* toujours susceptible d'être ridiculisée ou irritée selon le penchant de la personne importune. Oh, comme il était odieux d'être pauvre – « pauvre » dans le sens le plus plein du terme ; être obligé de grincer des dents devant des cads, d'avaler des insultes, et d'appeler cela de la « sagesse » le fait de ne pas avoir fait preuve d'esprit ! Une heure s'écoula avant qu'elle puisse se donner le courage de faire une autre tentative ; M. Crespigny lui avait enlevé tout le courage. Et lorsqu'elle se rendit chez Pattenden, son rapport était une chronique d'échecs.

Dans de nombreux cas, elle avait oublié les réponses exactes obtenues, et M. Collins lui a conseillé de noter à l'avenir de brefs mémorandums des entretiens, afin de pouvoir lui indiquer où sa ligne de conduite avait été fautive.

"Maintenant, votre discours fixe était une erreur", a-t-il déclaré. « Ce que vous voulez faire au début, c'est attirer l'attention de l'homme, le surprendre et l'amener à écouter. Peut-être a-t-il déjà eu une demi-douzaine de voyageurs qui l'ont dérangé, tous essayant d'obtenir une commande pour quelque chose ou autre, et tous commençant de la même manière. " Entrez vivement. Ne lui faites pas savoir ce que vous faites avant d'avoir le spécimen ouvert sous son nez. Criez : " Eh bien, M. Untel, le voici, enfin sorti ! " Dites tout ce qui vous passe par la tête, mais surprenez-le au début. Il pensera peut-être que vous êtes fou, mais il vous écoutera avec étonnement, et lorsque vous l'aurez réveillé, vous pourrez lui montrer que vous ne l'êtes pas.

"C'est tellement horrible", dit-elle avec découragement.

"Affreux?" s'exclama M. Collins. " Savez-vous que le grand Napoléon était marchand de livres ? Savez-vous que lorsqu'il était lieutenant sans un sou rouge , il voyageait avec un ouvrage intitulé *L'Histoire de la Révolution* ? Ma chère demoiselle, si vous allez à Paris , vous on peut voir sa tenue de solliciteur sous une vitrine du Louvre, et la liste des commandes qu'il a réussi à obtenir !"

"Je ne pense pas qu'il ait aimé ça."

" Il a aimé l'argent que cela lui a rapporté, et vous apprécierez directement le vôtre. Vous ne pensez pas que je m'attendais à ce que vous fassiez quelque chose de bien dès le début ? J'aurais été très surpris si vous étiez venu avec un compte différent cet après-midi. , je peux vous le dire ! Non, non, il ne faut pas vous décourager parce que vous n'avez pas de chance au début ; et quant à ce type de Victoria Street qui était de mauvaise humeur, qu'en est-il ? Il faut qu'il gagne sa vie , et vous devez faire le vôtre ; rappelez- vous que vous avez autant de droits que l'homme à qui vous parlez lorsque vous appelez n'importe où. "

"Très bien", dit Mary; " Si vous êtes satisfait, *je* le suis. Je ne prétends pas que mes services soient réclamés . Soyez sûr que je veux bien faire la chose. Si, en mettant ma fierté dans ma poche, je peux y mettre un revenu aussi, je suis prêt à le faire.

C'était devenu une caractéristique régulière de sa visite de l'après-midi chez l' éditeur pour que M. Collins l'encourage avec des prophéties de bonne fortune ; et son inquiétude était souvent apaisée par sa considération. Les premières fois où elle revenait avec ses notes : « Out ; Out ; N'en a pas besoin ; Ne lit jamais ; Trop occupée pour regarder », etc., elle redoutait le chagrin supplémentaire d'être réprimandée pour incompétence ; mais M. Collins était toujours complaisant et lui assurait perpétuellement qu'elle n'endurait que les déceptions inévitables pour un débutant. Dans son esprit, il commençait à douter de son aptitude à exercer ce métier, mais il l'aimait bien, et sachant que, selon l'expression commerciale, certaines commandes « se réservaient d'elles-mêmes », il était prêt à lui donner la chance de gagner une bagatelle, à condition qu'il lui reste du temps. elle désirait en profiter. Ce furent des jours terribles pour Mary Brettan , qui s'usèrent sans résultat, tandis que sa pitoyable réserve d'argent grandissait de moins en moins ; et comme chaque journée était si longue, il était étonnant qu'une semaine passe si vite. C'est une anomalie particulièrement frappante pour les locataires, et lorsque sa facture fut de nouveau due , elle regarda sa logeuse avec désespoir.

"Mme Shuttle Worth", dit-elle, "je n'ai rien fait; j'espérais vous payer, et je ne peux pas. Je ne suis pas un tricheur, même si cela semble être le cas; je suis l'agent d'une maison d'édition, et je n'ai pas gagné une seule commission." Mme Shuttleworth la scruta d'un air sombre et elle retint son souffle. On pourrait lui ordonner de partir, et comme les billets d'omnibus faisaient désormais partie de ses dépenses, il ne restait plus qu'un shilling de la somme récoltée sur le sac à main. "Que dites-vous?" elle a hésité.

" Eh bien, " dit l'autre, " c'est comme ça : je ne suis pas ' ard et je ne dis pas que j'aurais envie d'aller jeter une fille respectable dans la rue, car je sais ce que je ferais. " Mais je ne peux pas me permettre de préparer votre petit-déjeuner et votre thé sans jamais revenir un centime pour cela. Gardez la chambre un peu, et le loyer peut attendre ; mais je dois vous demander de prendre tous vos repas dehors jusqu'à ce que nous sommes à nouveau hétérosexuels.

Un locataire sous tolérance ; laissée sans rien à mettre en gage et possédant un shilling pour survivre jusqu'à ce qu'elle obtienne une commande pour *L'Album des inventions* , Mary a travaillé dur dans les escaliers avec le spécimen. Économiser les kilos restants peut être géré avec raffinement ; être économe du dernier argent est possible avec décence ; mais être réduit aux profondeurs de pence signifie une faim diabolique dont les envies ne peuvent être apaisées pendant plus d'une heure à la fois, et une faiblesse qui monte des membres au cerveau jusqu'à ce que la gorge se contracte et que les globes oculaires soient douloureux d'épuisement. Si fatiguée qu'aient pu la rendre maintenant ses expéditions infructueuses , elle retourna à la maison d'édition toujours debout, à contrecœur jusqu'à chaque centime, ménageant la maigre somme avec la ténacité d'une peur mortelle. Les vitrines des restaurants étrangers aux plats alléchants et garnis avec goût, les vitrines des cuisines anglaises, dans lesquelles on jetait les viandes, enchantaient son œil comme elle n'aurait jamais cru que la nourriture puisse avoir le pouvoir de le faire. Elle comprenait ce qu'était la famine ; a commencé à comprendre comment cela pouvait amener les gens à voler et à les disculper pour cela. Sans que ses vêtements deviennent brusquement usés, l'aspect de la femme se détériore au niveau de sa conscience intérieure. Elle se comportait avec moins de confiance ; elle a perdu cet air indéfinissable qui distingue le fret des épaves sur la mer de la vie. De petites choses lui ont fait comprendre le fait. Les chauffeurs cessaient de lever un index interrogateur lorsqu'elle passait devant une station de taxis, et un jour, alors qu'une adresse sur sa liste se révélait être une maison privée, la servante lui demanda : « De qui ? au lieu de "Quel nom ?"

Petit à petit, elle se battait pour le sol qui glissait sous elle, affectant la gaieté lorsque le spécimen était exposé, et cachant son désespoir lorsqu'elle le remit, un échec, dans son écrin. La vue de Victoria Street et de son quartier lui est devenue répugnante. Souvent, ses instructions l'amenaient jour après jour à différents étages du même bâtiment ; et, croyant que les portiers devinaient pourquoi elle reparaissait si souvent, elle entra avec la crainte qu'on ne lui interdisât de monter.

Ce ne fut pas un choc pour elle de sortir enfin du logement mendiante. Elle avait senti depuis si longtemps que la situation était inévitable qu'elle l' acceptait avec presque apathie. Elle affrontait la journée habituelle, montant les escaliers et les descendant, une ombre plus faible en raison de l'absence du pitoyable petit-déjeuner. Ce n'est qu'à une heure du soir que l'on a reconnu le désespoir de la routine. Ensuite, la perspective du voyage pour rejoindre à nouveau sa chambre était déjà assez intimidante ; elle n'est même pas revenue chez Pattenden ; elle revint lentement et s'allongea sur le lit, parvenant à oublier sa faim par intermittence dans des bribes de sommeil.

Vers le soir, les douleurs cessèrent complètement. Mais les incidents d'il y a des années lui revenaient sans aucun effort de volonté, la poussant à pleurer faiblement au souvenir d'une réponse méchante qu'elle avait donnée une fois, à une expression blessée qu'elle revoyait sur le visage de son père. Pendant la nuit, ses ennuis se reflétaient dans ses rêves, et le matin, elle se réveillait les yeux creux.

C'était du travail pour elle de s'habiller. Mais elle n'avait pas faim, elle se sentait seulement étourdie. Elle but un verre d'eau à la bouteille posée sur le lavabo et, poussée à l'effort par la nécessité, se dirigea vers la maison des éditeurs, se déplaçant parmi la foule engourdie, sans vraiment se rendre compte de ce qui l'entourait.

M. Collins s'est exclamé à son apparition et lui a fortement conseillé de rentrer chez elle et de se reposer.

"Vous n'avez pas du tout l'air de cette chose", dit-il avec une réelle inquiétude. "Restez à l'intérieur aujourd'hui ; vous ne ferez aucun bien si vous n'allez pas bien."

Elle sourit avec mélancolie à l'idée que rester à l'intérieur améliorerait les choses.

"Je ne serai pas mieux si je ne sors pas", dit-elle. "Oui, donne-moi la liste. Seulement, ne t'attends pas à ce que je vienne faire un rapport ; je n'aurai pas vraiment envie de faire ça."

Il lui a écrit quelques noms.

"Je ne vous en donnerai pas beaucoup aujourd'hui", dit-il. "En voici une demi-douzaine ; essayez-les !"

"Merci", dit Mary; "Je vais essayer ça." Elle descendit et sortit de nouveau dans la rue. Le bruit de la circulation résonnait à ses oreilles ; les embouteillages et les bousculades des trottoirs la troublaient. Elle se sentait comme une enfant secouée par des géants et aurait pu lever les bras, implorant Dieu de laisser la fin se faire maintenant, de la laisser mourir rapidement et tranquillement, et sans trop de douleur.

CHAPITRE V

Au troisième étage d'une maison de la rue Delahay se trouvait autrefois une pièce qui était à la fois salon et « atelier ». Une assiette bleue çà et là au-dessus du miroir, le fauteuil miteux sur la cheminée et une modeste collection de livres au mur lui donnaient un air de maison. La longue table blanche, jonchée de plans et de peintures, devant la fenêtre, et un théodolite dans le coin, montraient qu'elle servait aussi de bureau.

Un homme familier avec cet intérieur venait d'entrer dans le couloir, et tandis qu'il commençait à monter les escaliers, un sourire de bienvenue attendu adoucissait la rigidité de son visage. C'était un homme de grande taille, de constitution lâche, à qui l'on attribuait généralement cinq ans de plus que les trente-deux ans qu'il avait réellement vus ; un homme qui, aurait affirmé un physionomiste, noua peu d'amitiés et était un ami fidèle. C'était peut-être la maigreur de son visage qui le faisait paraître plus âgé qu'il ne l'était, peut-être sa gravité. Il n'avait pas l'air de rire facilement, comme s'il voyait de quoi rire dans la vie. Il n'avait pas l'air impulsif, ni émotif, ni un homme qu'on pourrait imaginer en train de chanter une chanson. On pourrait le représenter comme le seul personnage cool dans une scène de panique avec plus de facilité que de participer à l'enthousiasme d'une tribune. Non que vous trouviez son aspect héroïque, mais que vous ne pouviez pas le concevoir excité.

Il tourna la poignée en frappant à la porte et entra dans la pièce sans attendre de réponse. L'occupant laissa tomber son carré en T avec fracas, poussant un rapide halloa :

"Philippe ! Cher vieux gars !"

Le Dr Kincaid saisit la main tendue.

"Comment vas-tu?" il a dit.

Walter Corri le poussa dans le fauteuil délabré et s'allongea contre la cheminée en lui souriant.

"Comment vas-tu?" répéta le Dr Kincaid.

"Très bien. Quand es-tu monté ?"

"Hier après-midi."

"Tu vas rester longtemps ?"

"Seulement un jour ou deux."

"Tuyau?"

« J'ai un cigare ; essayez-en un ! »

"Merci."

Corri se tira une chaise. "Eh bien, quelles sont les nouvelles ?" il a dit.

"Rien de particulier ; quelque chose de nouveau chez toi ?"

"Non. Comment va ta mère ?"

"Plutôt bien ; elle est venue avec moi."

« Est-ce qu'elle l'a fait ! Où es-tu ?

"Un petit hôtel. Je suis chargé de beaucoup de messages———"

"Ça tu ne t'en souviens pas !"

"Je me souviens d'une d'entre elles : tu dois venir la voir."

"Merci, je le ferai."

"Viens dîner ce soir, si tu n'as rien. Nous avons une chambre pour nous seuls, et..."

"J'aimerais bien. Qu'est-ce que tu vas faire pendant la journée ?"

"Il y a deux ou trois choses qui ne prendront pas très longtemps, mais j'ai été obligé de venir. Que fais- *tu* ?"

"J'ai rendez-vous dehors à midi ; je serai de retour dans une heure environ, et je pourrai alors coller un papier sur la porte sans risquer mon indépendance."

"Tu peux venir avec moi ?"

"Si tu attends."

"Bien ! Où ranges-tu tes allumettes ?"

"Les allumettes sont un luxe. Déchirez *le Times* !"

" L'économie de Corri ! Jetez-moi *le Times* , alors ! "

Kincaid alluma son cigare à sa satisfaction et étendit ses longues jambes devant le feu. Les deux hommes soufflèrent placidement.

"Eh bien," dit Corri , "et comment va l'hôpital ? Comment tu l'aimes ?"

"Ma mère n'aime pas ça, elle se sent tellement seule à la maison. Je pensais qu'elle s'y habituerait dans quelques mois - je vais chez elle aussi souvent que je peux - mais elle se plaint autant comme elle l'a fait au début. Elle a repris l'idée originale, et bien sûr, c'est ennuyeux pour elle. Et elle n'est pas forte non plus.

"Non je sais."

" Dites -lui que je vais bientôt devenir un homme qui réussit, Wally, et remontez-lui le moral. Cela la revigore d'y croire."

"Je fais toujours."

"Je le sais ; chaque fois qu'elle vous voit, elle me regarde fièrement pendant une semaine et me dit à quel point M. Corri est un 'charmant jeune homme' - 'comme il est intelligent !' Le seul reproche qu'elle te fait, c'est que tu ne sois pas marié.

"Dites-lui que j'ai ce que les romanciers appellent un 'idéal'."

"Quand l'as-tu attrapé ?"

"L'année dernière. Un homme que je connais a épousé le 'Bébé', une fille adorable qui pensait que toute sa famille était unique."

"Et--?"

"Mon idéal, c'est la bénédiction qui n'est pas encore appropriée à vingt-huit ans. Elle aura alors découvert que sa mère n'est pas infaillible, que ses frères ne sont pas les premières autorités vivantes en matière de vins, de beaux-arts, de viande de cheval et de les sciences ; et que le « foyer heureux » n'est pas incapable d'amélioration. En fait, elle en aura un peu marre. »

"Vous avez la sagesse d'un veuf soulagé."

"J'ai vu", dit largement Corri . « Le gars, vous savez ! Les gars mariés ont une éducation terriblement « libérale ». Celui-ci a été transformé en infirmier - parmi les nombreuses pénalités de sa sélection. Le trésor est à jamais dansant sur les trottoirs mouillés dans des chaussures fines et prenant en sandwich des imbécillités entre des rhumes sur la poitrine. Il jure que vous pouvez déplacer l'Himalaya plus tôt que d'enseigner à un fille de vingt ans pour prendre soin d'elle-même. Il me l'a dit avec les larmes aux yeux. Je veux être plus âgé que ma femme, et elle doit avoir vingt-huit ans, donc il faut attendre quelques années. Je pourrais être je pourrai la soutenir aussi d'ici là ; c'est un autre argument en faveur du retard. »

"Je vous présenterai la question sous le bon jour la prochaine fois."

"Faites ; c'est extraordinaire que chaque femme prône le mariage pour tous les hommes sauf son propre fils."

"Elle compense par ses efforts en faveur de sa propre fille."

"Est-ce par expérience ?"

"Pas dans le sens où tu veux dire ; je ne suis pas un piège à poursuivre moi-même ; mais j'en ai vu assez pour te rendre malade. Les amis voient les cérémonies, je vois les séquelles."

"'Il y a des occupations pires dans ce monde que de prendre le pouls d'une femme.' Mais Yorick était un amateur ! Je devrais dire un horrible métier, dans un sens ; il ne peut pas laisser la moindre illusion. Quel est le teint d'un homme qui sait tout ce qui se passe en dessous ? Je suppose que quand une fille rougit, vous voyez une sorte de diagramme de ses muscles et souvenez-vous de ce qui le produit.

"Je connaissais un médecin qui disait qu'il n'avait jamais soigné aucune femme qui n'était pas atteinte d'une maladie mortelle", répondit Kincaid ; "Comment cela va-t-il avec votre théorie ? Elle était généralement phtisique, je crois."

"Est ce que tu comprends ça?"

" Dommage, j'ose dire, d'abord. Les médecins sont des hommes. "

"Oui, je suppose qu'ils le sont, mais d'une manière ou d'une autre, on ne les voit pas de cette façon. Entre l'étudiant et le médecin, il y a un écart tellement énorme. C'est une idée stupide, mais on a l'impression qu'un médecin se marie lorsqu'il va à l'église. "

"C'est vrai", a déclaré Kincaid, "que presque personne, à l'exception d'un médecin, ne peut comprendre ce que ressent un médecin ; ses amis ne le savent pas. Le seul écrivain à en avoir jamais dessiné un était George Eliot."

"Si vous êtes un typique———"

" Oh ! je ne parlais pas de moi ; ne me prends pas ! Quand les pensées d'un homme sont des soucis, il prend très vite l'habitude de les garder pour lui ; enfin, s'il n'est pas idiot. Ce n'est pas le cas. " Ce n'est pas calculé pour le rendre populaire, mais cela l'empêche de devenir ennuyeux.

"Votre vieil épouvantail sort ! N'est-il pas possible pour vous de croire que les amis d'un homme peuvent écouter ses soucis sans s'ennuyer ?"

"Combien de fois?"

"Oh, putain, dès qu'ils sont là !"

"Non", dit Kincaid méditatif, "ce n'est pas le cas. Ils cacheraient l'ennui, bien sûr, mais il devrait cacher ses inquiétudes. Laissons un homme jurer dans des soliloques et sourire quand il s'agit d'une conversation."

" Serait-il pratique de mentionner exactement ce en quoi vous trouvez possible de croire ? "

"Dans le travail, le courage et Walter Corri . En faisant de votre mieux dans la profession que vous avez choisie pour le bien de la profession, pas dans l'espoir de ce que cela va faire pour vous. Vous ne pouvez pas, tout à fait— C'est le diable ! Vos propres ambitions privées *s'imposeront* parfois ; mais elles ne sont que vanité, en fin de compte, juste destinées à servir de carburant. Qu'est-ce que le succès de neuf hommes sur dix fait pour quelqu'un d'autre que les neuf hommes ? Laissant de côté les grandes vérités, les découvertes qui profitent à jamais au genre humain, quel bien un homme fait-il de plus dans sa réussite que dans son obscurité ? Qui veut le voir réussir, sauf peut-être sa mère, qui est morte avant lui ? Est-ce que ? Qui est le mieux placé pour son succès ? qui, à son avis, s'en portera mieux ? Personne d'autre que le n°1 ! Alors, chaque fois que sa vanité est douloureuse et frottée dans le mauvais sens, vous lui demanderiez d'aller voir ses amis et enlevez-leur. Quelle bête égoïste ! »

"Étalages!" dit Corri . "Oh, je sais que ce n'est pas une dispute, mais 'bosh !'"

"Mon cher camarade--"

« Mon cher ami, vous avez vécu des moments difficiles pendant de nombreuses années, et... »

"Et ils ont laissé leur marque. Tout naturellement ! Et alors ?"

"Simplement que maintenant vous voulez retarder toute l'humanité dans le moule malheureux qui *vous* a été imposé . Vous comprenez le droit de toute douleur à crier, à l'exception de la douleur mentale. Vous resteriez assis toute la nuit à plaindre les gémissements d'un enfant avec un doigt éclaté. , mais si un homme gémissait parce que son cœur était brisé, vous le traiteriez de « bête égoïste » ! »

Kincaid éjecta un cercle de fumée et le regarda s'éloigner avant de répondre.

"'Faible'", a-t-il dit, "je pense que je devrais appeler cela 'faible'. C'était une très bonne phrase, cependant, même si elle n'est pas tout à fait exacte. Cela me rappelle le bon vieux temps ; cela me prend dix ans en arrière pour m'asseoir dans ta chambre et te laisser m'intimider. Il y a quelque chose dedans, Corri ; les circonstances sont responsables d'un c'est beaucoup, et nous sommes tous des accidents. Je suis un mauvais cas, me dites-vous ; j'ose dire que c'est vrai. Vous êtes un bon gars pour me supporter.

"Ne soyez pas idiot", a déclaré Corri .

Le « fou » regardait les braises, soignant son gros genou. Il semblait réfléchir à l'accusation de son copain.

"Quand j'avais seize ans", a-t-il déclaré, soignant toujours son genou et contemplant le feu, "j'étais adulte. Avec le recul, je ne vois jamais de transition entre l'enfance et la maturité. J'étais un enfant, puis j'étais un homme. " J'étais un homme quand j'allais à l'école ; je n'avais jamais de plaisanterie en dehors des heures de travail ; j'y allais en sachant que j'étais envoyé pour apprendre autant et aussi vite que possible. Puis, à la sortie de l'école, j'ai été mis dans un bureau et j'ai été un homme qui devait déjà cacher ce qu'il ressentait ; mon peuple savait que je voulais en faire mon métier, et ils n'en avaient pas les moyens. Si j'avais laissé voir le pauvre vieux gouverneur – eh bien, il ne l'a pas vu ; j'ai affecté contentement, j'ai dit qu'un stage c'était "plutôt joyeux" ! Bon Dieu ! J'ai dit que c'était "joyeux" ! L'humiliation ! Le petit cabot hypocrite qu'il fait de vous, cette vie, où la béance est considérée comme un signe de paresse et vous êtes obligé de cacher la chose naturelle derrière un livre de comptes ou le couvercle de votre bureau ; quand savoir qu'il ne faut pas poser votre plume cinq minutes sous les yeux de votre chef vous apprend à furtivement vos loisirs quand il se retourne son dos, et faire semblant d'une industrie ininterrompue au bruit de... son retour. Avec les conneries, les « Oui, messieurs » et les « Non, messieurs », vous redevenez un écolier en tant que commis, sauf que dans un bureau, vous êtes payé. »

"Mon commis n'est pas encore venu !" dit Corri en grimaçant.

"Oui, il est démoralisé ailleurs. Comme j'ai remercié Dieu un soir quand mon père m'a dit que si je n'avais pas dépassé mon désir , il pourrait réussir à le satisfaire ! Ces mots m'ont sorti de l'enfer. Mais quand je suis devenu étudiant Je ne pouvais m'empêcher d'être conscient qu'étudier était une extravagance. Ce savoir était avec moi tout le temps, me rappelant ma responsabilité - même si ce n'est qu'à la mort du gouverneur que je compris à quel point cela devait paraître une extravagance. Et je ne me suis jamais amusé avec les camarades en tant qu'étudiant, pas plus que je ne m'étais amusé avec les gars dans la cour de récréation. Dans l'ensemble, je n'ai pas rigolé, Corri . La jeunesse que j'ai eue a été arrachée entre des ennuis.

"Pauvre vieux mendiant !"

Kincaid sourit rapidement.

"Il y a plus d'émotion dans ' pauvre vieux mendiant !' que dans une lettre remplie de condoléances. Ce sont des lignes dures qu'on ne peut pas écrire « pauvre vieux mendiant » à chaque connaissance en deuil. La passion qui s'était glissée dans sa voix forte alors qu'il parlait de sa vie antérieure à la seule personne au monde à qui il aurait pu se résoudre à parler ainsi, avait été réprimée ; Son ton était à nouveau celui impassible qui était une seconde nature pour lui.

« Croyez-moi, » dit-il en revenant après une pause, « votre idée de la profession médicale, votre idée « respectable et attendue » est tout à fait fausse. Oh, ce n'est pas seulement la vôtre, c'est courant ? chaque petit paragraphe comique se croit autorisé à faire au cours de l'année un certain nombre de plaisanteries ignorantes aux dépens de la profession, chaque caricaturiste à deux sous doit nous remercier pour un certain nombre de ses dîners. mais les gens qui connaissent quelque peu le sujet sur lequel ces drôles d'hommes sont si constants peuvent vous dire qu'il y a plus de noblesse et d'abnégation dans la profession médicale que dans n'importe quelle autre profession sous le soleil, y compris l'Église. " Les discussions sur la météo et les honoraires pour signaler qu'il fait beau ne sont pas la vie de tout médecin ; la difficulté est d'obtenir les honoraires en échange d'une assistance fidèle. Personne n'est vénéré comme le médecin de famille en cas de maladie. À l'époque Lors du rétablissement de leur enfant, les parents aiment le médecin presque avec autant de ferveur que l'enfant ; mais la ferveur se refroidit quand arrive Noël et la gratitude est oubliée. Et ils savent qu'un médecin ne peut pas les agresser ; il doit donc attendre son compte et prétendre que l'argent n'a aucune importance lorsqu'il s'incline devant eux, bien que le boucher, le boulanger et l'épicier ne prétendent pas à *lui*, mais attendent que *leurs* factures soient réglées chaque semaine. Je pourrais vous donner des exemples——"

Il a donné des exemples. Corri a également parlé de difficultés. Ils fumèrent leurs cigares jusqu'aux souches, discutant tranquillement, jusqu'à ce que Corri déclare qu'il devait partir.

« Dans une heure, alors, je vous rappellerai », a déclaré Kincaid ; "tu ne resteras pas plus longtemps ?"

"Je ne pense pas. Mais pourquoi ne pas attendre ? Vous pouvez vous installer confortablement ; il reste encore beaucoup de *The Times* à lire."

"Je le ferai. Je veux écrire quelques lettres, n'est-ce pas ?"

" Il y a un bureau ! Ai-je tout ? Oui, c'est tout. Eh bien, je ferai aussi vite que je peux, mais si je *dois* être retenu , je vous trouverai ici ? "

"Vous me trouverez ici", a déclaré Kincaid, "ne vous inquiétez pas."

Le départ de l'autre ne l'a cependant pas envoyé immédiatement au bureau. Resté seul, il était évident à quel point l'homme était habitué à vivre seul. Cela se manifestait dans son sang-froid, dans sa délibération, dans le sérieux qu'il consacrait à la tâche lorsqu'il s'y attaqua enfin. Il venait juste d'atteindre le bas de la deuxième page lorsque quelqu'un frappa à la porte.

"Entrez," dit-il distraitement.

Le coup fut répété. Il lui vint à l'esprit que Corri avait omis de prévoir l'éventualité d'un appel d'un client. "Entrez!" cria-t-il plus fort, agacé par l'interruption.

Il jeta un coup d'œil par-dessus son épaule et vit que l'intrus était une femme, avec quelque chose à la main.

"M. Corri ?"

"M. Corri n'est pas là", répondit-il en touchant le stylo ; "il reviendra bientôt."

Mary s'attarda, irrésolue. Ses tempes lui battaient, et, dans sa faiblesse, la vue d'une chaise la magnétisait .

"Dois-je attendre?" murmura-t-elle ; "Peut-être qu'il ne sera pas très long ?"

"Hein ?" dit Kincaid. "Oh, attendez si vous le souhaitez, madame."

Elle se laissa tomber sur un siège en silence. La réponse n'avait pas semblé encourageante, mais elle lui avait permis de se reposer, et le repos était ce dont elle aspirait désormais. Comme le monde était indifférent ! comme personne ne se souciait impitoyablement des autres ! « Attendez, si vous voulez, madame » — allez mourir, si vous voulez, madame — allez déposer vos os dans le caniveau, madame, pourvu que vous ne me dérangez pas ! Elle observa vaguement la grosse main qui se déplaçait d'avant en arrière sur le papier. L'homme avait probablement de l'argent en poche qui ne signifiait rien pour lui, et pour elle, cela aurait été un salut. Il vivait confortablement alors qu'elle mourait de faim ; il ne savait pas qu'elle mourait de faim, mais à quel point cela l'affecterait-il s'il le savait ? Elle se demandait si elle pourrait l'inciter à commander le livre ; peut-être était-il tout aussi susceptible de le commander que l'autre homme ? Ensuite, elle prendrait un taxi pour retourner chez M. Collins, lui demanderait immédiatement sa commission, et irait manger quelque chose – si elle était capable de manger plus longtemps.

Elle se releva avec effort et traversa la pièce jusqu'à l'endroit où il était assis.

"Je suis venue voir M. Corri de chez MM. Pattenden," balbutia-t-elle, "au sujet d'un nouvel ouvrage qu'ils publient. J'en ai apporté un exemplaire. Si je ne vous dérange pas...?"

Elle le reposa tout en parlant et se tint à un pas ou deux derrière lui, observant l'effet.

« Cette femme est-elle très nerveuse ? se dit Kincaid. — Alors , c'est une agente de livres ! Je croyais qu'elle avait quelque chose à vendre. Bon Dieu, quelle vie !

"Merci," répondit-il. "Je suis très occupé en ce moment et je n'achète jamais mes livres avec le plan d'abonnement."

"Vous pourrez vous le faire envoyer une fois terminé", a-t-elle suggéré.

Il tapota du doigt la page de titre. "Je n'en veux pas."

"Peut-être M. Corri ———?"

"Je ne peux pas parler au nom de M. Corri ; mais ne l'attendez pas, sur mon conseil. J'ai peur que ce soit une perte de patience."

Il a fermé l' *album* , laissant entendre qu'il en avait fini avec lui. Mais la femme ne fit aucun mouvement pour le retirer, et il invita ce mouvement en repoussant la chose. Il avança le buvard pour reprendre sa lettre ; et elle ne retirait toujours pas son odieux spécimen du bureau. Il commençait à se sentir irrité.

" Si vous choisissez d'attendre, madame, asseyez-vous, " dit-il... " Je dis prenez... "

Il se tourna, remettant en question son silence persistant, et se leva d'un bond, consterné. La tête du marchand de livres pendait sur sa poitrine ; et son bras — tendu pour la soutenir — ne sortit qu'à temps pour la rattraper alors qu'elle tombait.

CHAPITRE VI

"Maintenant," dit Kincaid, quand elle ouvrit les yeux, "qu'est-ce que tu as ? Pas de bêtises ; je suis médecin ; vous ne devez pas me mentir ! Qu'est-ce que vous avez ?"

Il y a certaines choses qu'une femme ne peut pas dire ; c'était l'un d'entre eux.

"Tu es très épuisé ?"

"Oh," dit-elle faiblement, "Je... juste un peu."

"Quand as -tu mangé pour la dernière fois ?"

Elle n'a donné aucune réponse. Il la scruta avec insistance, remarquant son hésitation, et lança sa question suivante droit au but.

"Avez-vous faim?"

Les yeux se fermèrent à nouveau et ses lèvres tremblèrent.

"Rustre!" se dit-il, elle meurt de faim et tu n'achèterais pas son livre. Bête ! elle meurt de faim et tu as essayé de la chasser.

Mais sa sympathie était à peine exprimée par sa voix ; en fait, dans sa honte, elle le trouvait plutôt dur.

« Arrêtez-vous ici une minute, » continua-t-il ; " Ne vous évanouissez plus, parce que je vous l'interdis ! Je vais vous faire prescrire une ordonnance. Votre maladie n'est pas incurable, je l'ai eu moi-même. "

Il la laissa en quête de la gouvernante, qu'il interrogea au sujet des œufs et du café. Un shilling lui éclaira l'esprit.

« La chambre de M. Corri ; dépêchez-vous !

Son patient était assis dans le fauteuil lorsqu'il revint ; il vit des taches de larmes sur sa joue, bien qu'elle détourna le visage à son approche.

"L'ordonnance est en cours de préparation", a-t-il déclaré. " Voudriez-vous que la fenêtre se ferme à nouveau ? Non ? Très bien, nous la garderons ouverte. Ne parlez pas si vous préférez ne pas le faire ; ce n'est pas nécessaire, je sais tout ce que vous voulez dire. "

Il l'ignora ostensiblement jusqu'à ce que le plateau apparaisse, puis, le recevant sur le seuil, il le lui apporta lui-même.

"Viens," dit-il, "essaye ça, lentement."

"Oh!" murmura-t-elle en rétrécissant.

"Ne sois pas bête, fais ce que je te dis ! Il n'y a pas de quoi être timide ; je sais que tu n'es pas un ange, ton appétit ne m'étonne pas."

"À quel point tu es bien!" marmonna-t-elle ; "Que dois-tu penser de moi?"

« Mangez », ordonna Kincaid ; "demande-moi ensuite ce que je pense de toi."

Elle ne courait évidemment aucun danger de commettre l'erreur qu'il cherchait : sa difficulté n'était pas de la retenir, mais de la persuader ; sa réticence n'était pas non plus le résultat du seul embarras.

« C'est parti, » dit-elle en secouant la tête ; "Je n'ai vraiment plus faim maintenant."

Il l'a encouragée jusqu'à ce qu'elle commence. Puis il se retira derrière le journal, pour la gêner le moins possible par sa présence. Au bout d'un quart d'heure, il reposa *le Times* . Les coquilles d'œufs étaient vides, et il s'étira et s'adressa à elle :

"Mieux?"

"Beaucoup mieux", dit-elle avec un sourire.

« Avez-vous une longue expérience de ce genre de choses ?

"N-non," répondit-elle nerveusement, "pas vraiment."

Il caressa sa moustache ; elle cessait d'être une patiente et devenait une femme, et il ne savait pas trop ce qu'il allait faire d'elle. D'une manière ou d'une autre, malgré sa situation, l'offre d'une souveraine semblait grossière. Mary devina son dilemme et fit mine de se lever.

"Asseyez-vous", dit-il avec autorité. "Quand tu seras assez bien pour partir, je te le dirai ; en attendant, reste où tu es !"

Elle sentait qu'elle devait dire quelque chose, proposer une explication, mais elle ne savait pas par où commencer. Il y eut une pause. Et puis:

"Y a-t-il une chance que votre entreprise s'améliore ?" demanda Kincaid. « Supposons que vous puissiez tenir le coup : y a-t-il quelque chose à espérer ? »

"Non", dit-elle; "Je ne pense pas que ce soit le cas. J'ai bien peur de ne pas y être utile."

"Est-ce que c'était une carrière attrayante que vous avez tentée ?"

"Pas du tout ; mais c'était une chance."

"Je vois!"

Il voyait également qu'elle était une femme douce, adaptée à des activités plus raffinées. Comment avait-elle atteint ce col ? se demanda-t-il. Est-ce qu'elle fournirait volontairement l'information, ou devrait-il lui demander ? Il ne voyait pas quelle aide il pourrait apporter s'il le savait ; mais s'il ne l' aidait pas , elle s'en irait et mourrait, et il saurait qu'elle allait mourir en la laissant sortir.

" J'ai été présenté à l'entreprise par un de leurs très anciens contacts. Je ne trouvais rien à faire, et il pensait que comme j'étais, enfin, comme j'étais une dame, cela semble plutôt étrange dans les circonstances de parler. d'être une dame, n'est-ce pas... ?"

"Je n'y vois rien d'étrange", a-t-il déclaré.

"Il pensait que je pourrais plutôt bien réussir. Mais je pense que c'est un inconvénient, au contraire. Ce n'est pas facile pour moi de refuser d'accepter un 'Non' pour réponse ; et personne ne peut faire de bien dans un travail dont elle a honte."

"Mais vous ne devriez pas avoir honte", dit-il ; "c'est assez honnête."

"C'est ce que me dit le manager. Ce n'est que lorsque la femme doit entrer dans le bureau d'un étranger et le déranger, et être snobée pour ses douleurs, que l'honnêteté ne l'empêche pas de se sentir mal à l'aise. Vous avez dû me trouver vous-même une nuisance."

"J'ai bien peur d'avoir été plutôt brusque", dit-il rapidement. « J'étais occupé ; j'espère que je n'ai pas été impoli ?

Sa couleur est devenue rose.

"Je ne voulais pas du tout dire ça", balbutia-t-elle ; « Je ne devrais pas être très reconnaissant de te le rappeler même si tu l'avais été !

"J'aurais dû penser qu'un livre de ce genre aurait été assez facile à vendre. C'est un ouvrage de référence utile. Quel est le prix ?"

— Deux livres dix en tout. Ce n'est pas cher, mais les gens ne l'achèteront pas quand même.

"Oui, ça s'est bien levé", dit-il en le prenant sur le bureau et en tournant les feuilles. "Combien de volumes, as-tu dit ?"

"Quatre."

Elle fit un petit mouvement hésitant pour le récupérer, mais il continua comme si le geste lui avait échappé.

"S'il n'est pas trop tard, je changerai d'avis et m'abonnerai pour en recevoir un exemplaire. Inscrivez mon nom, s'il vous plaît, d'accord ?"

Elle serra fermement les mains sur ses genoux.

"Non," dit-elle, "merci, je préfère ne pas le faire."

"Pourquoi?"

"Tu ne veux pas du livre, je sais que non. Tu m'as déjà nourri et tu en as fait assez pour moi ; je ne prendrai pas non plus ton argent ; je ne peux pas !"

Sa poitrine commença à se gonfler tumultueusement. Il vit aux yeux écarquillés fixés sur le feu qu'elle luttait pour ne plus pleurer.

« Voilà, dit-il doucement, ne vous effondrez pas ! Parlons d'autre chose.

"Oh!" - elle essuya une larme furtivement - "Je ne suis pas habituée... ne pense pas——"

"Non, non," dit-il, "*je* sais, *je* comprends. Pique-le pour moi, tu veux ? Allons allumer un feu."

Elle prit le tisonnier et prolongea la tâche une minute en baissant la tête.

Kincaid a remarqué :

"C'est affreux d'être en difficulté, n'est-ce pas ? J'ai traversé toutes les étapes, c'est abominable !"

" *Tu* as?"

"Oh oui, je sais tout. Donc je ne vous dis pas que 'l'argent est la moindre des choses'. Seuls ceux qui en ont toujours eu assez disent ça. »

« Il faut si peu de chose au monde pour soulager l'anxiété, dit-elle ; "Il semble cruel que si peu de gens puissent en avoir assez pour se faciliter la vie."

« Qu'entendez-vous par « facilité » ? »

"Oh, je devrais appeler l'emploi 'facilité' maintenant."

"Alors tu en as demandé plus une fois ?"

"Oui, avant, j'étais plus stupide. 'L'expérience enseigne les imbéciles.'"

"Non, ce n'est pas le cas", a déclaré Kincaid. « L'expérience enseigne aux gens intelligents ; les imbéciles continuent à faire des gaffes jusqu'au bout. « Une fois… ? Je vous ai interrompu."

"Eh bien, avant, cela signifiait avoir ma propre maison, des relations pour prendre soin de moi et suffisamment d'argent pour régler les factures sans me soucier si elles s'élevaient à cinq shillings de plus que ce à quoi je m'attendais. C'est une belle réglementation selon laquelle moins nous avons , moins nous pouvons nous débrouiller avec. Mais le cheval ne pourrait pas vivre avec une seule paille.

"Comment en êtes-vous arrivé là ?" » demanda Kincaid ; "Ne pourrais-tu pas trouver un travail différent avant la goutte d'eau qui fait déborder le vase ?"

"Si vous saviez comment j'ai essayé ! Je n'ai pas d'amis ici, c'était ma difficulté. Je voulais une situation de compagnon, mais j'ai finalement dû abandonner l'idée, et j'ai fini par aller chez Pattenden. Don " Je ne pense pas qu'ils le sachent ! Je veux dire, n'imaginez pas qu'ils devinent dans quelle situation je me trouve : ce serait injuste. Ils ont été très gentils avec moi. "

"Tu n'as jamais été un compagnon, je suppose ?"

"Non, mais j'espérais quand même. Tout doit être fait pour la première fois ; tout adepte a été autrefois novice.".

"C'est vrai, mais il y a tellement d'adeptes en tout aujourd'hui que les novices n'ont pas beaucoup de chance."

"Alors comment vont-ils se qualifier ?"

"C'est l'affaire des novices. On ne peut pas s'attendre à ce que les gens paient l'incompétence alors que la main d'œuvre qualifiée traîne au coin des rues."

"Je n'attends rien", répondit-elle; " Mes attentes sont toutes mortes et enterrées. Nous n'avons qu'une certaine capacité d'attente, je pense ; dans des conditions favorables , elle se porte bien et nous disons : « Tant qu'il y a de la vie, il y a de l'espoir ; » mais quand on le tend trop, il lâche.

"Et tu dérives sans combattre en toi ?"

"Une femme ne peut pas faire plus que se battre jusqu'à ce qu'elle soit battue."

"Elle ne devrait pas reconnaître avoir été battue."

"Théorie!" dit-elle entre ses dents ; "le plateau du petit-déjeuner est un fait!"

"Que penses-tu qu'il va devenir, toi ?"

"Je n'anticipe pas du tout."

"Oh, c'est de la foutaise ! Répondez franchement !"

"Alors je vais mourir de faim", dit-elle.

" Sss ! Tu le sais ? "

"Je le sais, et j'y suis résigné. Si je n'y étais pas résigné, ce serait beaucoup plus difficile. Il n'y a rien qui puisse arriver pour subvenir à mes besoins ; il n'y a personne au monde qui puisse... « volonté », pour être précis, appelez à l'aide. Vous l'avez un peu retardé par votre gentillesse, mais vous ne pouvez pas empêcher son arrivée. Oh, j'ai espéré et lutté jusqu'à ce que je sois épuisé ! » elle a continué, elle; voix tremblante. " S'il y avait une perspective, je pourrais me réveiller, si faible que je suis, pour l'atteindre ; mais il n'y a pas de perspective, pas l'ombre d'une perspective ! Je ne suis pas lâche, je suis seulement rationnel. Je l'avoue. qu'est-ce que c'est, j'ai fini de me duper.

Elle pouvait exprimer son désespoir, cette femme ; elle avait de l'éducation et des manières. Il la contemplait attentivement ; elle l'intéressait.

— Vous parlez quand même comme un fataliste, lui dit-il.

"Je parle comme une femme qui a atteint le plus bas degré de misère et qui s'est nourrie de charité. Je... Oh, non, *ne* continuez pas à me forcer à faire de moi un enfant comme ça ; laissez-moi partir ! Peut-être que vous J'ai tout à fait raison : les choses vont s'améliorer.

"Vous partirez tout de suite ; pas encore, pas avant que je vous le dise."

Il y eut à nouveau un silence entre eux. Il s'allongea, les mains enfoncées profondément dans les poches de son pantalon et les pieds croisés, réfléchissant.

"Tu n'as été élevé dans rien, bien sûr ?" dit-il brusquement. "Vous n'avez jamais été formé à quoi que ce soit ? Vous ne pouvez rien faire ou fabriquer quoi que ce soit qui ait une valeur marchande ?"

"Je vivais à la maison."

"Et maintenant tu es impuissant ! Quelle pourriture ! Pourquoi ton père ne t'a-t-il pas appris à utiliser tes mains ?"

"Je pense que tu as dit que tu étais médecin ?" elle revint en levant la tête.

"Hein ? Oui, je m'appelle 'Kincaid'."

"Mon père était le Dr Anthony Brettan ; il ne s'attendait pas à ce que sa fille soit dans un tel besoin."

"Vous ne le dites pas, votre père était l'un des nôtres ? Je suis heureux de faire votre connaissance. Est-ce 'Miss Brettan ' ?"

Elle hocha la tête, se réchauffant avec l'envie d'aller plus loin et de crier : « J'ai aussi été infirmière : vous êtes médecin, ne pouvez-vous pas me trouver quelque chose à faire ? Mais si elle le faisait, il exigerait une corroboration et, en l'absence de son certificat, ouvrirait une enquête à l'hôpital ; et alors le murmure circulerait que « Brettan ne vivait plus avec son mari » — on s'assurerait bientôt qu'il n'était pas mort — et de là à la vérité il y aurait le dernier pas. "Jamais marié du tout. C'est une honte ! Bien sûr, une actrice, mais j'ai envie *d'elle* !" Elle voyait leurs visages, l'étonnement de leur mépris. Aussi étroit soit-il, c'était son monde – elle ne pouvait pas le faire !

"Mais sûrement, Miss Brettan ," dit-il, "il doit y avoir quelqu'un qui puisse vous servir un peu, quelqu'un qui puisse vous mettre sur la voie d'une occupation ?"

Elle regretta aussitôt d'avoir tant proclamé.

"Mon père vivait très tranquillement et socialement, il n'était pas un homme populaire. Pour plusieurs raisons, je n'aimerais pas que les gens qui le connaissaient parlent de ma détresse."

"Cependant, ces personnes sont vos références", a-t-il insisté ; "Vous ne pouvez pas vous permettre de leur tourner le dos. Si vous vous laissez guider par des conseils, vous ravalerez votre fierté."

" Je ne pouvais pas ; j'ai pris la résolution de rester seul, et je m'y tiendrai. D'ailleurs, vous avez tort de supposer que l'un d'entre eux ferait un effort quelconque pour moi ; mon père n'avait pas... n'était pas assez intime avec qui que ce soit. »

Une femme difficile à aider, pensa Kincaid avec pitié. Une idée lui avait traversé l'esprit, à sa référence au genre d'emploi qu'elle avait désiré, et l'annonce de sa filiation la renforçait ; mais il doit y avoir quelque chose sur quoi avancer, quelque chose de plus qu'une simple affirmation.

« Si un message apparaît, qui est là pour parler en votre nom ? »

« MM. Pattenden ; je crois qu'ils parleraient volontiers en mon nom.

"Quelqu'un d'autre?"

"Non, mais le directeur verrait quiconque s'adresserait à lui à propos de moi, j'en suis presque sûr."

« Vous avez besoin d'amis, vous savez, dit-il ; "Vous êtes très mal placé sans aucun."

"Oh, je sais ! N'avoir pas d'amis est un crime ; on est impuissant sans eux. Et l'impuissance d'une femme est la meilleure des raisons pour lesquelles aucune aide ne devrait lui être apportée. Mais cela semble un argument impitoyable, docteur - horriblement impitoyable, au début!"

"C'est une vie sans pitié. Écoutez, Miss Brettan , je ne veux pas tourner autour du pot : vous êtes dans un trou bestial, et si je peux vous en sortir, j'en serai heureux - pour votre propre bien, et pour le bien de ton père décédé. Mais c'est comme ça ; la seule chose que je vois dans mon chemin implique le confort de quelqu'un d'autre. Tu parlais d'un endroit comme compagnon ; je ne peux pas vivre à la maison maintenant, et ma mère en veut un."

"Médecin!"

Elle retint son souffle.

"Si je devais prendre la responsabilité de vous recommander, il est probable qu'elle vous engagerait ; je pense que vous lui conviendriez, mais... Eh bien, c'est une commande assez importante !"

"Oh, tu ne devrais jamais être désolé !" elle a pleuré. "Tu ne seras jamais désolé de me faire confiance, si tu veux!"

" Vous voyez, ce n'est pas facile. Ce n'est pas habituel d'aller engager une dame qu'on rencontre pour la première fois. "

"Eh bien, vous ne rencontreriez personne d'autre plus souvent", plaida-t-elle avec empressement ; "Si vous faisiez de la publicité, vous prendriez la femme après une seule entrevue. Vous n'échangeriez pas beaucoup de visites et ne deviendriez pas amical avant de l'engager."

Il tira de nouveau sur sa moustache.

"Mais bien sûr, elle ne mourrait pas de faim", a-t-elle ajouté ; "Elle ne se serait pas évanouie dans ta chambre. Ce ne serait pas plus judicieux, mais ce serait plus conventionnel."

"Vous argumentez parfaitement", dit-il avec un sourire.

Le sourire l'encouragea. Elle sourit en réponse. Il ne pourrait pas sourire s'il devait la refuser, pensait-elle.

"Dr Kincaid———"

« Une minute », dit-il ; « J'entends quelqu'un arriver, je pense. Excusez-moi !

C'était Corri ; il le rencontra alors qu'il tournait la poignée et l'entraînait dehors.

« Il y a une femme là-dedans, dit-il, et un plateau de petit-déjeuner. Descendez au prochain palier, je veux vous parler.

"Que diable…" dit Corri . "Vous organisez une fête ? Qu'entendez-vous par une femme et un plateau de petit-déjeuner ? La femme a-t-elle apporté le plateau de petit-déjeuner ?"

"Non, elle a apporté un livre. C'est sérieux."

Ils se penchaient sur la rampe et conféraient, tandis que Marie, dans le fauteuil, restait tremblante d'attente. La perspective ouverte par les paroles de Kincaid lui avait montré avec quelle ténacité elle s'accrochait encore à la vie, avec quelle passion elle saisirait l'occasion de la prolonger. Il y a quelque temps, sa seule prière avait été de mourir rapidement ; maintenant, avec une possibilité de sauvetage suspendue devant ses yeux, sa prière était uniquement pour que cette possibilité se réalise. Serait-il satisfait ou la renverrait-il ? Son destin dépendait de cette décision. Elle n'était pas émerveillée par la ténacité ; cela lui paraissait si naturel qu'elle ne s'en posait aucune question. Pourtant, c'est la chose la plus étrange : l'amour de la vie que les plus rongés par la vie conservent dans leur cœur. Chaque jour, ils aspirent au sommeil, et chaque jour la pensée de la mort les alarme, terrifie leurs âmes incohérentes, bien que peu de gens croient en effet à l'existence de l'enfer, et que quiconque est assez bon pour croire au paradis croit aussi qu'il est assez bon pour y aller. il.

"Ô Dieu," murmura-t-elle, "fais-le me prendre ! Pardonne-moi ce que j'ai fait ; ne me laisse plus souffrir, mon Dieu ! Tu sais comme je l'aimais, comme je l'aimais !"

"Eh bien," dit Corri , sur le palier, "et qu'est-ce que tu vas faire ?"

"Je pense", a déclaré Kincaid, "à laisser ma mère aller la voir."

"C'est extrêmement philanthropique, n'est-ce pas ?"

"Ça a l'air sauvage, bien sûr." Il réfléchit un instant. "Mais après tout, on sait d'où elle vient ; son père était un homme de métier ; c'est une dame."

"Comment s'appelait son père, déjà ?"

" Brettan ... Antoine."

"Vous l'avez déjà entendu auparavant ?"

"S'il n'y avait pas une telle personne, on peut le découvrir en cinq minutes. D'ailleurs, ma mère devrait décider elle-même. Je devrais tout lui raconter, et si une interview la laissait contente, pourquoi———"

"Eh bien," dit Corri , "retournez au banc et résumez ! Vous me trouverez sur le lit. À propos, si vous pouviez distribuer ma pipe sans offenser la jeune femme, je devrais la prendre comme une faveur. ".

"Tu as assez fumé. Attends ! voici un dernier cigare ; va te consoler avec ça !"

Kincaid retourna dans la pièce ; mais il n'était pas prêt à résumer pour le moment. Mary le regardait avec inquiétude, s'efforçant de deviner, à son expression, le résultat de la consultation dans l'escalier. La personne consultée était M. Corri , a-t-elle conclu, l'homme qu'elle avait été envoyée importuner. Vieux ou jeune ? décontracté ou morose ? De quel côté avait-il placé le poids de son opinion, cet homme qu'elle n'avait jamais vu ?

"Nous parlions de la maison de la compagne, Miss Brettan ", commença Kincaid. "Maintenant, qu'est-ce que vous dites?"

Instantanément, elle rayonna de gratitude envers le personnage inconnu qui, en réalité, n'avait rien fait.

"Vous ne devriez jamais le regretter, Dr Kincaid, jamais !"

"Comprenez, je ne pouvais en aucun cas garantir les fiançailles", dit-il précipitamment. "Tout ce que je pourrais faire serait d'en parler ; le reste dépendrait des propres sentiments de ma mère."

"Je devrais t'être tout aussi reconnaissant si elle s'y opposait. Ne pense pas que je sous-estime mes inconvénients - je sais que le simple fait d'envisager de m'engager est généreux de ta part. Mais... Oh, je ferais de mon mieux. !— Je le ferais en effet ! La difficulté est aussi claire pour moi que pour vous, reprit-elle rapidement, je la vois tout aussi clairement. Je n'ai pas de références ; je ne peux que vous regarder en face et dire : "Je vous ai dit la vérité ; si je pouvais suivre vos conseils et empocher ma fierté, je pourrais *prouver* que je vous ai dit la vérité". Et qu'est- ce que c'est ? - n'importe qui pourrait le dire et mentir ! Oh oui, je sais ! Docteur, mon manque de références m'a rendu suspect à tel point que j'aurais pu pleurer du sang. Des portes ont été fermées contre moi, non pas parce que j'étais inéligible en moi-même. , mais parce que j'étais une femme qui n'avait pas eu d'employeurs pour dire : « Je l'ai trouvée une personne satisfaisante ». Les choses pour lesquelles j'aurais dû faire ont été confiées à d'autres femmes parce qu'elles avaient du "caractère", et je n'en avais pas. Au début, je pensais que mon ton serait convaincant - je pensais pouvoir dire: "Honnêtement, cette histoire est vraie, " Et quelqu'un - un sur douze, peut-être, un sur vingt - se trouverait à me croire. Quelle erreur, d'espérer être cru ! Eh bien, dans tout Londres, il n'y a pas de créature aussi abandonnée que la fille d'un gentleman sans amis. Une servante peut être prise en confiance ; une femme instruite, jamais ! »

"Elle peut parfois", a déclaré Kincaid. "Attends ! ce n'est pas si grave que ça. Ce que je peux faire pour toi, je le ferai ! Très probablement, ma mère te rendra visite cet après-midi. Où loges-tu ?"

Un fiacre venait de décharger un tarif à une heure ; des maisons opposées, et il l'a hélé par la fenêtre.

"La meilleure chose que vous puissiez faire maintenant est de rentrer chez vous et de vous reposer, et d'essayer de ne pas vous inquiéter. Rassurez-vous et espérez que tout ira pour le mieux, Miss Brettan - les soins ont tué un chat !"

Elle déglutit convulsivement.

"C'est l'adresse", dit-elle. « Que Dieu vous bénisse, Dr Kincaid !

Il la conduisit jusqu'au couloir et la fit monter dans le taxi. Il était peut-être superflu de lui montrer qu'il se souvenait que les fiacres étaient au-dessus de ses moyens ; cependant, pendant le trajet, elle pouvait être harcelée par la crainte des demandes de l'homme, et il le payait pour qu'elle voie.

Cet événement avait gonflé son catalogue d'appels. Il a dit à Corri qu'ils feraient mieux de passer chez Guy et de jeter un coup d'œil à un annuaire médical ; mais en passant devant un bouquiniste, ils remarquèrent un vieil exemplaire exposé à la vente et l'examinèrent. Il trouva avec joie le nom d'Anthony Brettan dans la section provinciale et remarqua en outre que Brettan avait été élève de son propre collège.

"' Brettan ' monte !" observa-t-il joyeusement. "Maintenant, avance, mon fils!"

L'arrivée de Mary au gîte était un événement d'intérêt local. Mme Shuttleworth, qui se tenait à la porte en train de converser avec un voisin , la regarda descendre bouche bée. Deux enfants qui jouaient sur le trottoir ont suspendu leur partie. Elle dit à Mme Shuttleworth qu'une dame pourrait la demander pendant la journée et, montant au grenier, s'enfermer pour lutter sans succès contre ses craintes d'être refusée ou complètement oubliée. Cette mère viendrait-elle ou pas ? Sinon, elle frissonna ; elle avait été si près d'une mort ignominieuse que l'odeur en était parvenue à ses narines ; sinon, le rongement diabolique reviendrait aussitôt, et le faible besoin malade le suivrait ; et puis il y aurait une perte de conscience pour la dernière fois, et ils parleraient d'elle comme de "elle" et auraient peur.

Mais la mère est venue. Cela semblait si merveilleux que, même lorsqu'elle était assise à côté d'elle dans le grenier et que tout avançait favorablement , Mary pouvait à peine se rendre compte que c'était vrai. Elle est venue et les fiançailles ont été faites. Il y a des femmes qui sont essentiellement des femmes ; Marie était l'une d'entre elles. Mme Kincaid, venue déjà intéressée, sûre que son Philip ne pouvait se tromper et souhaitant être satisfait, était charmée par elle. Les tons suppliants, le calme des manières, le « visage de la Madone », comme elle le décrivit plus tard, s'ils n'allaient pas « droit au cœur », plaisaient puissamment à son imagination. Et bien sûr, Mary l'aimait bien ; quoi de plus naturel ? Elle avait une voix douce, elle avait les yeux bleus les plus doux qui brillaient jamais sous des cheveux blancs et − point culminant de l'attraction − elle aimait visiblement Mary.

"Je suis une vieille femme seule, maintenant que mon fils a été nommé médecin à l'hôpital", a-t-elle déclaré. "Ce sera très calme pour toi, mais tu supporteras ça, n'est-ce pas ? Je pense que tu seras à l'aise avec moi, et je suis sûr que je voudrai te garder."

"Calme pour moi!" dit Marie. "Oh, Mme Kincaid, vous parlez comme si vous me demandiez une faveur , mais votre fils a dû vous dire que... quoi... je suppose qu'il m'a sauvé la vie !"

"C'est son métier", répondit gaiement la vieille dame; "c'est ce qu'il a dû apprendre à faire."

"Ah, mais pas avec des petits déjeuners chauds," sourit Mary. "J'accepte votre offre avec gratitude ; je viendrai dès que vous le souhaiterez."

« Pourrez-vous revenir avec nous après-demain ? Ne le faites pas si cela vous gêne ; mais si vous pouvez être prêt... »

"Je peux; je serai tout à fait prêt."

"Bonne fille!" dit Mme Kincaid. "Maintenant, vous devez me laisser vous avancer une petite somme, ou, je suppose, vous avez des choses à obtenir, peut-être ferions-nous mieux de le faire comme ça ! Voilà, là ! c'est votre propre argent, pas un cadeau ; il n'y a rien pour me remercier. Bonjour, Miss Brettan ; je vous écrirai pour vous informer du train.

"Ceci" était un billet de cinq livres. Lorsqu'elle fut de nouveau seule, Mary le ramassa, le lissa et frémit au crépitement. Ces gens célestes ! leur tendresse, leur considération ! Oh, comme ce serait beau s'ils savaient tout sur elle et s'il n'y avait pas de réservations ! Elle aurait aimé pouvoir tout leur révéler – ils avaient été si gentils et si gentils.

Elle chercha l'hôtesse, paya sa dette — le plaisir qu'elle éprouvait à payer sa dette ! — et dit qu'elle abandonnerait sa chambre après la nuit suivante. Elle se rendit dans un petit restaurant étranger de Gray's Inn Road, où elle dîna sainement et bien, s'offrant des côtelettes panées et dorées, bordées de tomates, du pudding et du gruyère, et une tasse de café noir, le tout pour dix-huit pence, après avoir donné un pourboire au serveur. Elle est retournée au grenier – grenier glorifié ! cela ne l' horrifierait plus jamais — et elle s'abandonna à méditer sur les « choses ». Il y avait ceci, et il y avait cela, et il y avait l'autre. Oui, et elle doit avoir une boîte ! Elle aurait fait peindre ses initiales sur la boîte, mais la peinture aurait l'air si curieusement neuve. Doit-elle y mettre ses initiales ? Non, elle a décidé de ne pas le faire. Ensuite, il y avait sa montre et son sac à échanger chez le prêteur sur gages, et elle devait dire au revoir à M. Collins. Quelle journée bien remplie ce serait le lendemain ! quelle aube d'un nouvel espoir, d'une nouvelle paix, d'une nouvelle vie ! Ses angoisses ont été laissées de côté ; devant elle se réfugier et se reposer. Mais soudain, le plaisir disparut de ses traits et ses lèvres se contractèrent douloureusement.

« Tony ! » murmura-t-elle.

Elle resta immobile là où elle s'était levée. Un sanglot, un deuxième sanglot, un torrent de larmes. Elle était à genoux près du lit, haletante, frissonnante, criant à Dieu et à lui :

"Ô Tony, Tony, Tony !"

CHAPITRE VII

Le soleil brillait lorsqu'elle rencontra Mme Kincaid à Euston. Le médecin était là, allongé, maigre et maigre, aux côtés de sa mère. Il serra la main de Mary et remarqua que c'était une belle journée pour voyager. Elle avait eu l'intention de lui dire quelque chose de reconnaissant en le saluant, mais ses manières ne l'invitaient pas, alors elle essaya plutôt de lancer ses remerciements dans un regard. Elle souffrit d'abord d'un léger embarras, ne sachant pas si elle devait prendre elle-même son billet, ni quelle aide on attendait d'un accompagnant dans une gare. Peut-être devrait-elle choisir le compartiment et superviser l'étiquetage des bagages ? Heureusement , les bagages n'étaient pas lourds, les siens constituant de loin la plus grande partie ; et les billets, apprit-elle directement, il les avait déjà reçus.

Son employeur vivait à Westport, une ville que Mary n'avait jamais visitée, et ses questions à ce sujet ont donné lieu à une petite conversation. Elle ne disait pas grand-chose ; elle parlait même avec beaucoup de timidité ; la conscience qu'elle était payée pour parler et se divertir lui pesait la langue. Elle fut soulagée lorsque, peu après le début, Mme Kincaid imita l'exemple de son fils, qui était allongé dans son coin, le visage caché derrière *The Lancet* .

Ils voyageaient en deuxième classe, et ce n'est que lorsqu'un arrêt se produisit à un carrefour que leur intimité fut envahie. Alors une grande femme, opprimée par des paquets et des paniers, entra ; et comme la nouvelle venue appartenait à la catégorie de ceux qui considèrent le voyage en chemin de fer comme une occasion inespérée de manger un repas supplémentaire, ses prouesses avec les sandwichs avaient une fascination qui rivalisait avec l'intérêt du paysage.

Bien sûr, trois heures plus tard, lorsque le train arriva à Westport, Mary se sentit ravie. Bien sûr, depuis la plate-forme, elle regardait avec impatience la perspective. C'était nouveau, agréable et rafraîchissant. Il y avait une petite route sinueuse aux palissades blanches et une maison au toit rouge. Une cloche sonna doucement dans les prés, et quelqu'un debout près d'elle dit qu'il supposait que « c'était pour le service de cinq heures ». Avoir troqué l'agitation de Londres contre un endroit où les gens avaient le temps de se souvenir du service en semaine, de pouvoir entendre le chant des oiseaux entre le roulement des roues, était immédiatement exaltant. Et puis, alors qu'ils se rendaient à la maison , elle sentit dans l'air la fraîcheur du goudron qui annonçait la proximité de la mer. Sa poitrine se souleva. « La paix bénie de tout cela ! » elle pensait; "Comme je devrais être heureux!"

Mais elle n'était pas contente. Ce premier soir, la douleur et le mal du souvenir lui vinrent. Elle resta seule avec Mme Kincaid et, au crépuscule , ils étaient assis dans le joli petit salon , discutant par intermittence. Comme cette arrivée était différente de celles auxquelles elle était habituée ! Pas de déballage des photographies ; pas de logeuse pour bavarder des agissements de la société de la semaine dernière ; pas de promenade après le thé avec Tony juste pour voir où se trouvait le théâtre. Comme c'est drôle! Elle a dit "comme c'est drôle !" mais maintenant elle voulait dire « comme c'est douloureux ! » Et puis, ce fut un choc pour elle de constater que son ancienne vie continuait encore sans elle. Des photographies étaient encore déballées et exposées sur les cheminées ; les hôtesses étaient encore bavardes à propos des affaires de la semaine dernière ; Tony se promenait encore dans les villes le dimanche soir, comme il le faisait lorsqu'elle était avec lui. Et il allait être le mari de Miss Westland, pendant *qu'elle* serait ici ! Comme cela semblait hideux, effrayant et irréel !

Elle se leva et se dirigea vers le jardinière à la fenêtre.

"Etes-vous fatiguée, Miss Brettan ? Peut-être voudriez-vous aller dans votre chambre tôt ce soir ?"

« Non, » dit-elle, « merci ; j'ai bien peur de me sentir encore un peu étrange, c'est tout.

Dans le coin opposé se trouvait une palissade et une affiche d'opéra-comique brillait parmi les annonces des commerçants locaux. La vue soudaine de l'imprimerie théâtrale lui fut comme un accueil ; elle le regardait, ravie, avec le passé vivant et chaud dans son cœur.

"Vous vous sentirez bientôt chez vous", dit Mme Kincaid après une pause ; "Je suis sûr que je peux comprendre que tu trouves cela plutôt inconfortable au début."

"Oh, pas inconfortable," expliqua rapidement Mary ; "C'est un peu bizarre, juste ça ! Je veux dire, je ne sais pas ce que je dois faire, et j'ai peur de paraître inattentif. Qu'est-ce que le travail d'un compagnon, Mme Kincaid ?"

"Eh bien, je n'en ai jamais eu", dit la vieille dame en riant. "Je pense que toi et moi nous entendrons mieux, tu sais, si nous oublions que tu es venu en tant que compagnon, si tu parles quand tu veux et si tu te tais quand tu veux. Tu vois, c'est littéralement un compagnon que je veux, pas quelqu'un pour sonner à ma place, commander le dîner et se rendre utile. Ce n'est pas une grande maison et je ne suis pas une personne à la mode; je veux une femme qui m'empêchera de me morfondre et qui sera bon."

Sa réponse exprimait ses exigences, et Mary s'aperçut que l'on n'attendait pas grand-chose d'elle en échange du salaire ; si peu qu'elle se demandait parfois si elle le méritait, aussi petit soit-il. Sauf qu'elle était continuellement consciente qu'elle ne devait jamais se mettre en colère et qu'elle était souvent obligée de lire à haute voix alors qu'elle aurait préféré rester assise dans une rêverie, elle était pratiquement sa propre maîtresse. Même, au fil des jours, elle se surprenait à exprimer une pensée au fur et à mesure qu'elle lui venait, sans s'arrêter pour conjecturer sa réception ; parler avec cette spontanéité qui, chez le compagnon rémunéré, est la dernière chose à acquérir.

Peu de plaisirs sont de plus courte durée que celui de retrouver suffisamment à manger ; et en une semaine, son sentiment de nouveauté s'était presque dissipé. Ils marchaient ensemble ; parfois à la mer, mais plus souvent en ville, car l'approche de la mer fatiguait Mme Kincaid. Westport n'était pas un point d'eau populaire ; et au cours de l'été, Mary découvrit que la population de cinquante mille habitants n'avait pas beaucoup augmenté. Depuis Laburnum Lodge, il fallut près de vingt minutes pour atteindre le rivage et il fallut gravir une colline. Au sommet de la pente, les maisons aisées disparaissaient ; et après quelques maisons éparses, une étendue d'herbe déchiquetée, avec un ou deux bancs, descendait en pente vers la plage. Malgré sa nudité, Mary trouvait l'endroit charmant ; sa quiétude la séduisait. Elle souhaitait souvent pouvoir y aller seule.

Du médecin, ils ne voyaient que peu. De temps en temps , il venait chez elle pendant environ une heure et, au début, elle s'absentait à ces occasions. Mais Mme Kincaid a commenté sa retraite et a déclaré que ce n'était pas nécessaire ; et désormais elle resta.

Elle n'avait pas la chance de sortir seule avant d'être ici depuis près de trois mois ; et quand Mme Kincaid lui demanda un après-midi si cela la dérangerait de choisir pour elle un roman à la bibliothèque en circulation , elle partit avec plaisir. Le désir de voir *The Era* et de savoir où se trouvait Carew était devenu trop fort pour être maîtrisé.

Elle traversa le cimetière voisin et longea High Street avec impatience ; et, arrivant à la librairie du chemin de fer, acheta un exemplaire du numéro actuel. Ce fut avec difficulté qu'elle se retint de l'ouvrir sur le quai, mais elle attendit d'avoir tourné dans la petite ruelle qui longe la gare et d'atteindre la porte où s'arrêtaient les camions de charbon et où commençait une zone de verdure. Elle doutait que la compagnie soit en tournée aussi longtemps, mais le journal lui dirait de toute façon quelque chose sur ses agissements. Elle parcourut avec impatience les titres intitulés « Sur la route ». Non, *The Foibles* n'était évidemment pas sorti maintenant. La tournée était-elle définitivement interrompue, se demanda-t-elle, ou s'agissait-il simplement de vacances ? Elle pourrait rapidement apprendre grâce à la carte professionnelle de Tony. Comme elle connaissait bien la feuille ! La feuille! elle connaissait la colonne, son numéro même dans la colonne – elle savait qu'elle suivait « Farrell » et précédait « de Vigne ». Elle se souvenait même de la semaine où il avait abandonné les annonces les moins chères par ordre alphabétique ; il avait été choisi pour un rôle dans une production. Elle se souvint qu'elle avait dit :

"Maintenant, tu vas créer", et, en riant, il avait répondu : "Oh, il me faut une demi-couronne pour "créer" !" Il était allongé sur le canapé – comme tout cela lui revenait ! Que faisait-il maintenant ? Elle trouva l'endroit en un instant :

"M. SEATON CAREW,

AU REPOS, prend la direction de la tournée de Miss Olive Westland, le 4 août. Voir la page 'Entreprises'."

Ils étaient mariés! Elle ne pouvait en douter. "Oh," marmonna-t-elle, "comme il m'a piétinée, cet homme ! Pour deux ou trois mille livres, juste pour son argent !" Elle chercha faiblement la publicité de l'entreprise en question, mais les paragraphes s'enchaînèrent et il lui fallut plusieurs minutes avant de la trouver. Oui, le voici : " *Les Foibles de la Mode* et du Répertoire , ouverture le 4 août". *Camille* , hein ? Elle rit amèrement. Il allait jouer Armand ; il avait toujours voulu jouer Armand ; maintenant il pouvait le faire ! "Sous la direction de M. Seaton Carew. Les artistes ont respectueusement informé que la compagnie est terminée. Toutes les communications doivent être adressées : M. Seaton, Carew, Bath Hotel, Bournemouth." Oh mon Dieu!

Penser que pendant qu'elle mourait de faim dans ce grenier, il avait continué à lui faire la cour, penser que dans une de ces heures terribles qu'elle avait traversées, il avait dû s'habiller pour son mariage, lui serrait le cœur. Et maintenant, pendant qu'elle se tenait là, il appelait l'autre femme « Olive » et l'embrassait. Elle agrippait la barre à deux mains, sa poitrine se soulevait tumultueusement ; il lui semblait que sa punition était plus grande que ce qu'elle pouvait supporter. Son péché n'était-il pas pire que le sien ? elle a interrogé; mais quel prix serait-il un jour appelé à payer pour cela ? Tout au plus, peut-être, un mécontentement occasionnel ! Personne ne lui en voudrait du tout ; son offense était déjà tolérée par la main d'une femme honnête. Aux yeux de l'épouse, elle, Mary, était bien sûr une aventurière qui avait mis à profit sa faiblesse jusqu'à ce que l'héroïne apparaisse sur scène pour le récupérer. Comme il était facile d'être l'héroïne quand on avait quelques milliers de livres à offrir en échange d'une alliance !

Elle laissa le papier là où il était tombé et se rendit à la bibliothèque. En le quittant, elle rencontra Kincaid alors qu'il se rendait au Lodge. Il était plutôt content de cette rencontre, l'homme dont les femmes n'avaient été que des patientes ; il avait senti une ou deux fois récemment qu'il était agréable de parler à Miss Brettan .

"Bonjour", dit-il de sa voix si peu inflexible; "Qu'est-ce que tu as fait ? Tu rentres à la maison ?"

- 86 -

"Je suis allée chercher un livre pour Mme Kincaid", répondit-elle. "Elle espérait que tu reviendrais aujourd'hui."

"Je voulais venir hier. Eh bien, comment allez-vous ? Toujours satisfait de Westport ? Vous ne commencez pas encore à vous en lasser ?"

"J'aime beaucoup ça," dit-elle, "naturellement. C'est un grand changement par rapport à ma vie d'il y a trois mois ; je ne devrais pas être très reconnaissante si je n'étais pas satisfaite."

"C'est bon. Votre venue était une bonne chose ; ma mère disait l'autre soir que c'était une chance."

"Oh, je suis si contente ! J'ai voulu savoir si je l'avais fait !"

"Vous le faites inhabituellement ; je ne l'ai pas vue aussi contente depuis longtemps. Vous n'avez pas l'air très brillant ; vous sentez-vous bien ?"

« C'est la chaleur, dit-elle ; "Oui, je vais bien, merci ; j'ai mal à la tête cet après-midi, c'est tout."

Elle se demandait si son chemin et celui de Carew se croiseraient à nouveau un jour. Quelle horreur si le hasard l'avait amené au théâtre ici et qu'elle se retrouvait face à face avec lui dans High Street !

"Ma mère n'est-elle pas sortie elle-même aujourd'hui ? Elle devrait profiter du beau temps."

"Je l'ai laissée dans le jardin ; je pense qu'elle préfère ça aux promenades."

Et cela pourrait arriver si facilement ! réfléchit-elle. Pourquoi pas *cette* entreprise, parmi les nombreuses entreprises qui sont venues à Westport ? Elle aurait peur de quitter la maison.

"Je suppose que lorsque vous avez appris pour la première fois qu'il y avait un jardin, vous vous attendiez à voir des pommiers et des fraisiers, n'est-ce pas ?"

"Oh, je ne sais pas. Ce n'est pas un mauvais petit jardin. Nous y avons pris le thé hier soir."

Elle se promenait peut-être avec Mme Kincaid, et Tony et sa femme arrivaient soudainement au coin de la rue. Et « Miss Westland » aurait l'air méprisant, et Tony commencerait, et… et si elle devenait blanche, elle se détesterait !

"Vraiment ? Vous devez animer la vieille dame ? C'est une bonne affaire si elle se lance dans ce genre de choses !"

"Oh, c'était étouffant à l'intérieur, et nous pensions que prendre un thé dehors serait plus agréable. J'ose dire que je vaux mieux que personne ; cela a dû être plutôt ennuyeux pour elle seule."

« Est-ce tout ce que vous trouvez à dire de vous-même : « mieux que personne » ?

" Eh bien, je n'ai pas le moral ; certaines femmes rient toujours. Nous nous asseyons et lisons, ou faisons des travaux d'aiguille ; ou elle parle de vous, et... "

"Et tu t'ennuies ? C'est le privilège d'une mère, tu sais, d'ennuyer tout le monde à propos de son fils ; il ne faut pas être dur avec elle."

"Ça m'intéresse ; je pense que c'est toujours intéressant d'entendre parler du travail d'un homme dans une profession. Et puis, la médecine appartenait à mon père."

« Étiez-vous le seul enfant ?

"Oui. Mais je n'étais pas vraiment un enfant ! Ma mère est morte quand j'étais très jeune, et ça m'a beaucoup appris. La pratique n'était pas très bonne, très rémunératrice, c'est-à-dire, et si un " Le père de la fille n'est pas aisé, elle devient une femme très tôt. Si j'avais eu un frère maintenant... "

"Si tu avais eu un frère, quoi ?"

"Je pensais que cela aurait pu faire une différence. Rien de particulier. Je suppose qu'il n'aurait pas été d'une quelconque aide financière ; il n'y aurait eu rien pour lui donner un début. Mais j'aurais aimé avoir un frère. ...un plus âgé que moi."

"Vous auriez fait de lui un homme idéal, je crois."

"Je pensais à ce qu'il aurait fait de moi. Un frère doit être d'une grande aide ; un garçon acquiert de l'expérience et une fille n'a qu'un instinct."

"C'est une très bonne chose de continuer."

"Il faut de l'éducation, docteur, sûrement ?"

" Il faut qu'elle soit éduquée par une mère. La moitié des femmes qui ont des enfants ne sont pas plus aptes à être mères que... Et on rencontre des vieilles filles qui ont justement les qualités ! Du beau matériel qu'on peut gaspiller ! "

L'entrée d'une maison devant laquelle ils passaient était ouverte et elle pouvait voir dans le salon . Il y avait des tasses de thé sur la table et une tasse de fleurs sauvages. Sur une grille de jardin, un enfant en tablier rose se balançait lentement. L'éclat du jour s'était calmé et la ville était douce et jaune dans le repos du coucher du soleil. Une certaine liquidité était assumée par la rue accidentée dans la brume qui la surplombait ; une touche de transparence dorait ses perrons, les tuiles des toits des maisons et les visages simples des pêcheurs qui flânaient devant leurs portes. Là, une jeune fille était assise au milieu des roses trémières, refusant d'avouer au jeune qui se prélassait à côté d'elle, tout en lui adressant parfois un sourire que le filet n'avait pas réveillé. La mélodie de l'heure intensifiait la discorde dans l'âme de la femme.

"Tu ne penses pas..." dit Kincaid.

Il se tourna vers elle, marchant les mains derrière lui. Il lui parla et elle lui répondit jusqu'à ce qu'ils arrivèrent à la maison.

CHAPITRE VIII

Lentement, un nouveau zeste s'est glissé dans la vie de Kincaid. Il commença à avoir plus envie de se rendre à pied à la Loge ; était souvent réticent à se lever et à dire « bonne nuit » ; il trouva même l'image de la petite pièce éclairée par une lampe qui persistait avec lui après la fermeture de la porte d'entrée. Autrefois les visites étaient plutôt incolores . Malgré son affection pour son fils, Mme Kincaid n'était que timidement intéressée par la carrière qui le captivait. Elle était vaguement fière d'avoir un médecin pour fils, mais elle sentait que sa profession ne leur fournissait pas grand-chose à dire quand il viendrait ; et l'homme estimait que les questions de sa mère concernant son travail étaient superficielles. Une troisième voix avait beaucoup fait pour les visites, accéléré les questions habituelles, les réponses stéréotypées dans la vitalité de la conversation.

Kincaid n'a pas manqué de reconnaître le mérite de Miss Brettan pour l'atmosphère plus lumineuse de la villa. Mais l'hiver était proche avant qu'il n'admette qu'une grande partie du plaisir qu'il prenait à s'y rendre était inspirée par l'approbation chaleureuse de Miss Brettan . L' intimité de la pièce, avec deux femmes qui lui souriaient quand il entrait – toujours avec un peu de surprise, car l'heure de son arrivée était incertaine – et lui apportaient des choses et s'excusaient quand il devait partir avait eu du charme. qu'il n'a pas analysé . C'est peu à peu qu'il se rendit compte combien de ses opinions s'adressaient à elle. Jusqu'ici, sa seule amitié avait été pour Corri ; et Corri n'était pas là. Les mois où son attachement cordial pour Marie lui était évident, et où il exerçait une fascination due en grande partie à son caractère inattendu, furent peut-être les plus heureux qu'il ait connus.

L'évolution n'a pas été si heureuse ; mais heureusement c'était lent. Il était rentré à la maison plus tôt que d'habitude et les femmes se préparaient pour une promenade. Mary se tenait près de la cheminée. Il y avait quelque chose qu'ils avaient eu l'intention de faire ; elle a dit qu'elle irait seule pour le faire. Il s'allongeait au fond d'un fauteuil et la regardait parler à sa mère, observer le jeu de ses traits et le mouvement rapide de sa joue. Puis, ce fut la moindre des trivialités, elle arracha une épingle à cheveux de ses cheveux et commença à boutonner son gant. En la contemplant, il lui révéla qu'elle était éminemment aimable. Ses yeux s'attardèrent sur la courbe tendre de sa taille, révélée par la flexion de son bras ; il remarqua la courbure de la tête et le modelé délicat de son oreille et de son cou. Ces choses étaient assez nouvelles pour lui. Il fut brusquement ému par la magie de son sexe. L'admiration ne dura pas dix secondes, et avant de la revoir, il ne s'en souvint qu'une seule fois, tout à coup. Mais le développement avait commencé.

Lors de sa prochaine visite, il chercha ces beautés et les trouva. Cette fois, étant volontaire, l'admiration dura plus longtemps. C'était récurrent toute la soirée. Il découvrit une excellence nouvelle dans l'exécution des actes les plus simples, et un plaisir supplémentaire à converser avec elle.

Les pensées d'elle lui venaient maintenant alors qu'il restait assis la nuit dans sa chambre. La petite pièce nue était témoin de toutes les phases de l'amour de l'homme : son éclat, puis ses inquiétudes. Il n'avait aucun confident à qui faire des proses ; il n'aurait jamais pu parler de la chose étrange qui lui était arrivée, s'il avait eu un confident. Il avait l'habitude de s'asseoir seul et de penser à elle, se demandant si Dieu lui mettrait à cœur de prendre soin de lui, se demandant en toute humilité s'il pouvait être ordonné qu'il tienne un jour cette chère femme dans ses bras et l'appelle « épouse ». "

Il ne serait pas en mesure de lui offrir du luxe et, pendant quelques années, il ne pourrait certainement pas se marier du tout ; mais il croyait avant tout qu'il pourrait au moins la contenter ; et en réfléchissant à ce qu'elle ferait de la vie pour lui, il sourit. Le salaire qu'il tirait de son poste n'était pas très élevé, mais les moyens de sa mère suffisaient à ses besoins et il pouvait mettre de côté la presque totalité de son salaire. Il pensait que quelques années plus tard, il serait justifié de meubler une petite maison et qu'il pourrait raisonnablement espérer, grâce aux introductions obtenues par sa nomination, établir un cabinet. Ce serait plutôt pincé pour eux au début, bien sûr, mais cela ne la dérangerait pas tellement si elle l'aimait. "Fou de lui! Serait-ce possible ? se demanda-t-il. Miss Brettan l'aime bien ! Elle était si calme, si calme, elle semblait si loin maintenant qu'il la voulait pour elle. Arriverait-il vraiment un jour que la femme dont la main l'avait simplement touché par courtoisie lui prononce un jour des paroles d'amour et lui dise « mon mari » ?

Il lutta longtemps avec sa tendresse ; les appréhensions sont venues rapidement. Après tout, elle était à l'aise comme elle l'était : elle était nourrie, elle n'avait aucun souci pécuniaire ici. Avait-il le droit de la supplier de renoncer à cette relative aisance et à cette lutte à ses côtés opprimés par les soucis d'un revenu précaire ? Puis il s'est dit qu'ils pourraient accueillir des patients : cela augmenterait les revenus. Et elle était désormais dépendante ; si elle l' épousait, elle serait sa propre maîtresse.

Il a pesé le pour et le contre ; il n'était pas un garçon pour appeler l'insouciance de l'auto-indulgence la splendeur du dévouement. Il a longuement et soigneusement équilibré les arguments des deux côtés. S'il lui demandait de venir le voir, ce devrait être avec la conviction qu'il ne lui faisait aucun mal. Il voyait combien il était facile de se tromper, de se persuader que le fait qu'elle se trouve dans une situation faisait du mariage une avance pour elle, qu'elle se marie bien ou mal. Il n'agirait pas avec impatience et ne gâcherait peut-être pas sa vie. Mais il était très impatient. Au fil des mois, il quittait la Loge en s'efforçant de discerner l'importance d'une réponse qu'elle lui avait faite, d'une question qu'elle lui avait posée. Il lui semblait qu'il l'aimait bien plus longtemps que lui ; et il n'avait fait aucun progrès. Il y avait des moments où il se reprochait d'être maladroit et stupide ; Certains hommes à sa place, pensa-t-il, auraient deviné depuis longtemps quels étaient ses sentiments.

Il n'a jamais mis en doute la sagesse de l'épouser pour son propre compte ; le privilège de la chérir en bonne santé et de la soigner dans la maladie, d'avoir sa tête appuyée sur sa poitrine et de confier ses espérances à sa sympathie ; de traverser la vie avec elle dans une union dans laquelle elle lui donnerait toute son identité sacrée et cachée, lui paraissait une joie pour laquelle il ne pouvait jamais être moins qu'intensement reconnaissant tant que la vie durait. Il cessa de s'émerveiller de la naissance de son amour, cela lui paraissait naturel maintenant ; elle semblait appartenir entièrement à Westport à cette époque. Il n'opposait plus l'atmosphère actuelle de la villa à l'atmosphère plus terne qu'elle avait bannie. Il avait oublié cette atmosphère plus terne. Elle était là, c'était comme si elle avait toujours été là. Réfléchir qu'il y avait eu une période où il n'avait connu aucune Mary Brettan était étrange. Il se demandait s'il n'avait pas ressenti le besoin d'elle. Le jour où il l'avait rencontrée dans le bureau de Corri lui paraissait sombre dans le brouillard d'au moins cinq ans. L'extérieur de l'homme et les aspirations intérieures – Kincaid tel qu'il se connaissait, et le médecin tel qu'il était connu à l'hôpital – étaient si différents que l'incongruité aurait été ridicule si elle n'avait pas été belle.

Lorsque Mary vit qu'il avait commencé à prendre soin d'elle, ce fut avec le plus grand frémissement d'insécurité qu'elle ait éprouvé depuis la date de son arrivée. Elle avait pressenti de nombreux désastres dans l'intervalle, été harcelée par de nombreuses peurs, mais que le Dr Kincaid puisse tomber amoureux d'elle était une éventualité qui ne lui était jamais venue à l'esprit. C'était tellement inattendu que pendant une semaine, elle avait discrédité l'évidence de ses sens, et lorsque la vérité était trop palpable pour être ignorée plus longtemps, son espoir restant était qu'il décide de ne jamais parler. Ici, les méditations de l'homme et de la femme portaient sur le même thème : toutes deux tournaient autour des revendications du silence ; mais sous des angles différents. Il se demandait si cet aveu était injuste envers elle ; elle se soutenait en lui attribuant une réticence à s'engager envers une femme qu'il connaissait si peu. Elle s'accrochait à ce refuge qu'elle avait trouvé ; son refus, si effectivement il lui proposait, l'obligerait sûrement à y renoncer. Mme Kincaid ne désirerait peut-être pas voir son compagnon épouser son fils, mais elle désirerait encore moins conserver un compagnon qui l'avait rejeté. C'était ici aussi paisible que n'importe quel endroit pouvait l'être pour elle maintenant, pensait Mary ; l'idée d'être poussée à se battre à nouveau contre le monde la terrifiait. Elle se demandait si Mme Kincaid avait « remarqué quelque chose » ; il était difficile de croire qu'elle aurait pu l'éviter ; mais elle n'avait manifesté aucun signe de suspicion : ses manières étaient les mêmes que d'habitude.

Avec la complication qui l'avait troublée, la femme s'est rendu compte à quel point elle était prématurée. Son courage avait disparu, se dit-elle ; elle a dit qu'elle avait dépassé la capacité de tout effort soutenu ; et c'était un fait que la vie sans incident qu'elle avait menée, agréable parce qu'elle ne demandait pas d'énergie, avait beaucoup contribué à rendre sa lassitude permanente. Sa douleur, sa cruauté, s'était atténuée – elle pouvait désormais toucher la blessure sans se tordre ; mais cela l'avait laissée fatiguée jusqu'à la mort. Tenter d'oublier l'avait dépassée ; le souvenir restait son luxe secret ; et l'inertie permise par sa position se prêtait si bien à une double existence que, à son avis, elle semblait souvent vivre plus intensément dans ses réminiscences que dans ses relations avec son employeur.

Depuis le début de la tournée, qui avait commencé à l'automne de l'année précédente, elle s'était tenue au courant des mouvements de Carew aussi régulièrement que possible. Il lui était souvent très difficile d'accéder à un journal de théâtre ; mais en général , elle parvenait à en voir un d'une manière ou d'une autre, sinon le jour où il arrivait en ville, du moins plus tard. Elle savait quels rôles il jouait et où il les jouait. C'était une fascination morbide, mais le fait de pouvoir voir son nom mentionné presque chaque semaine la rendait heureuse qu'il soit acteur. S'il avait pu partir à l'étranger ou mourir, sans qu'elle s'en rende compte, elle pensait que sa situation aurait été trop horrible pour être décrite. Voler cet aperçu hebdomadaire du journal était sa sensation hebdomadaire ; parfois le passé semblait remuer à nouveau ; momentanément, elle se retrouva dans l'ancien environnement.

Il n'y avait eu que deux tournées. Après la seconde, elle avait regardé sa « carte » avec anxiété. Trois mois s'étaient écoulés, et entre son nom et celui de son agent, rien n'était ajouté si ce n'est le « Repos ».

Enfin, après avoir lu un jour le journal de Londres à Mme Kincaid, elle reçut d'autres nouvelles. Un mot de ragots théâtraux avait attiré son attention, et, inaperçue de la dame, elle tressaillit violemment. Elle avait vu « Seaton Carew ». Pendant une minute, elle ne put calmer suffisamment son agitation pour ramasser le journal ; elle restait assise à le regarder sans rien déchiffrer. Elle apprit alors que Miss Olive Westland et son mari, M. Seaton Carew, encouragés par leurs succès en province, avaient finalisé les démarches pour ouvrir le Théâtre Boudoir à la fin du mois suivant. On ajoutait que cette malheureuse maison avait été très embellie, et une référence à un ou deux artistes déjà engagés montrait à Mary que Carew jouait avec de gros enjeux.

Elle disposait désormais d'une nouvelle source d'information, accessible sans problème, car le journal de Londres paraissait quotidiennement au Lodge. À mesure que la date de la représentation approchait, son impatience d'entendre le verdict était devenue si forte que les murs du salon de campagne l'enfermaient ; elle voyait à travers eux la ville au-delà – elle voyait une scène pleine de courants d'air où Carew dirigeait une répétition.

La pièce avait échoué. Le matin où elle apprit que cela avait échoué, elle participa bêtement au chagrin de l'échec. "Oui" et "Non", avait-elle répondu et vu avec les yeux de son cœur la tristesse d'un visage autrefois pressé contre le sien. Elle s'en fichait, jura-t-elle ; son seul sentiment à l'égard de l'entreprise avait été la curiosité. Si cela avait été plus que de la curiosité, elle se mépriserait !

Mais elle regardait quotidiennement la publicité du Boudoir. Et elle ne tarda pas à se rendre compte qu'une autre aventure était en préparation. Et elle tenait encore d'autres écheveaux de laine et regardait avec une impatience voilée cette publicité se développer comme la précédente. Récemment, la pièce avait été jouée ; produit, et elle avait lu l'avis en présence de Mme Kincaid. Lorsqu'elle l' eut terminé , elle devina que les espoirs de Carew étaient terminés ; à moins qu'il n'ait beaucoup plus d'argent qu'elle ne le supposait, l'expérience au Boudoir verrait le jour ; c'est épuisé. On n'a pas non plus beaucoup parlé de sa performance ; il fut congédié avec une peine indifférente, comme sa femme. Les éloges de son jeu auraient pu conduire à des engagements à Londres, mais ses espoirs semblaient avoir été déçus en tant que manager et en tant qu'acteur également.

Quand Kincaid est allé à la maison un soir, le domestique lui a dit que sa mère l'avait fait ; allé dans sa chambre, et que Miss Brettan était assise avec elle.

"Dites que je suis là, s'il vous plaît, et demandez si je peux monter." Mary descendit les escaliers pendant qu'il parlait.

« Ah ! docteur, dit-elle ; "Mme Kincaid est allée se coucher."

" Alors j'entends. Qu'est-ce qu'elle a ? "

"Seulement des névralgies ; elle en a eu toute la journée. Elle vient de s'endormir."

"Alors je ferais mieux de ne pas monter la voir ?"

"Je ne pense pas que je le ferais. Je viens juste de descendre chercher un livre."

"Vas-tu t'asseoir avec elle ?"

"Oui ; elle peut se réveiller et vouloir quelque chose."

Ils parlaient dans le couloir, devant la porte du salon .

"Où est votre livre?" il a dit.

" À l'intérieur. Je regrette que vous soyez venu pour rien ; elle sera tellement déçue quand elle l'apprendra. Puis-je lui dire que vous reviendrez demain ? "

"Oui, je regarderai dans la journée, ne serait-ce qu'un instant. Je pense que je vais m'asseoir un moment avant de partir. "

"Veux-tu?" dit-elle. "Je vous demande pardon." Elle ouvrit la porte et il la suivit dans la pièce.

"Ça ne te dérangera pas que je te quitte ?" elle a demandé; "Je ne veux pas rester à l'écart, au cas où elle se réveillerait."

Il faisait presque nuit dans le salon ; la lampe n'était pas allumée et le feu était faible. Un peu de neige blanchissait le cytise qu'on voyait par la fenêtre. C'était un soir de janvier et Mary était à Westport depuis près de deux ans maintenant.

"Peux-tu voir pour le trouver ?" il a dit. "Où est-ce que tu l'as laissé?"

"Il était sur le buffet ; Ellen a dû le déplacer, je suppose. Je vais lui demander où elle l'a mis."

"Non, ne fais pas ça, j'allumerai la lampe."

Elle souleva le globe pendant qu'il frappait une allumette. C'était son dernier, et il s'est éteint.

« Peu importe, » dit-il ; "nous allons allumer le feu."

"Oh," s'exclama-t-elle, "mais je te donne tellement de problèmes ; tu ferais mieux de me laisser appeler la fille !"

La peur de ce qui pourrait arriver dans cette obscurité l'envahissait. "Tu ferais mieux de me laisser appeler la fille", répéta-t-elle.

"Essayez si vous pouvez d'abord obtenir une lumière avec ceci", dit-il, "essayez là où c'est rouge."

Elle se pencha sur la grille, la torsion de papier dans une main et l'autre posée sur la cheminée. Il s'appuya à côté d'elle, remuant les cendres avec son pied.

Cela lui rappela comment Tony s'était tenu à remuer les cendres avec son pied cette nuit-là à Leicester, alors qu'il annonçait la nouvelle. Une anxiété nauséabonde l'envahit de s'éloigner de Kincaid avant qu'il puisse avoir la chance de la toucher. Le papier carbonisé et gondolé, sans prendre feu, et dans son impatience , elle le détestait pour ce retard. Elle se détestait d'être ici, à s'attarder dans le crépuscule avec un homme qui osait ressentir pour elle la même chose que Tony avait ressenti autrefois.

Elle s'est levée.

"Cela ne sert à rien, docteur ; Ellen devra le faire, après tout."

« Ne partez pas tout de suite, » dit-il ; "Je veux vous parler, Miss Brettan ."

"Je ne peux pas rester plus longtemps", dit-elle. "JE--"

"Tu vas me donner une minute ? Il y a quelque chose que j'attendais de te dire ; j'attendais depuis longtemps."

Elle leva la tête vers lui. Dans l'ombre qui remplissait la pièce, il ne pouvait voir que ses yeux.

"Ne le dites pas. Je pense que je peux deviner, peut-être... Ne le dites pas, Dr Kincaid !"

"Oui", a-t-il insisté, "je dois le dire ; je suis obligé de vous le dire avant d'accepter votre réponse, Mary. Ma chérie, je vous aime."

La mémoire lui rendit la scène où Tony avait dit ça pour la première fois.

"Si vous ne pouvez pas prendre soin de moi, vous n'avez qu'à me le dire ce soir ; cela ne sera jamais un souci pour moi, je ne veux pas que mon amour devienne un souci pour vous, qu'il vous fasse souhaiter que je Je n'étais pas là. Mais si tu t'en soucies un peu... si tu penses que lorsque je pourrai te demander de venir à moi, tu pourrais venir... Oh, ma chérie, toute ma vie je serai tendre pour toi, toute ma vie ! »

Il ne pouvait plus voir ses yeux ; sa tête était baissée et, dans son silence, le grand homme tremblait.

Le domestique entra avec la bougie et baissa les stores. Ils se tenaient devant la cheminée et la regardaient bêtement. Quand les stores étaient baissés, elle montait la lampe ; et la pièce était lumineuse. Kincaid vit que Mary était très pâle.

« Y a-t-il autre chose, mademoiselle ?

"Non, Ellen, merci, c'est tout."

"Marie?"

"Je suis vraiment désolé. Tu ne sais pas à quel point je suis désolé!"

"Tu ne pourras jamais te soucier, même si peu, de moi ?"

"Pas de cette façon : non."

Il détourna les yeux d'elle, regarda la gravure de Wellington et Blucher se rencontrant sur le champ de Waterloo ; Je regardais le filtre du buffet, à travers lequel l'eau tombait goutte à goutte. Un poids lourd semblait s'être abattu sur lui, de sorte qu'il respirait péniblement. Il voulait écourter la pause, ce qui, selon lui, devait être éprouvant pour elle ; mais il ne trouvait rien à dire, et il ne parvenait pas non plus à se débarrasser de ses dernières paroles, qui lui paraissaient sans cesse répétées. Il avait l'impression que son espoir en elle avait été quelque chose de vital et qu'elle l'avait anéanti, pour le laisser confronté à un nouveau départ – un début si étrange qu'il devait s'écouler du temps avant de pouvoir réaliser à quel point cela allait être totalement étrange. Même s'il s'efforçait de s'adresser à elle, il était difficile de sentir qu'elle était encore très proche de lui. Ses tons s'attardaient ; sa robe s'imposait de plus en plus dans sa conscience ; mais à cause de sa présence, il avait un curieux sentiment d'éloignement.

"Bonne nuit," dit-il brusquement. "Tu ne dois pas laisser cela te déranger, tu sais. Je serai toujours heureux de t'aimer; je serai toujours heureux de te l'avoir dit - je l'espérais, et maintenant je comprends. C'est tellement mieux de comprendre que de continuer à espérer ce qui ne pourra jamais arriver. »

Elle cherchait avec pitié quelque chose de gentil ; mais la futilité des phrases l'intimidait.

« Je ferais mieux de fermer la porte après toi, murmura-t-elle, sinon ça fera du bruit.

Ils sortirent dans le couloir et se tinrent ensemble sur la marche.

« Il commence à neiger, dit-il ; "il semble que nous allions subir une lourde chute."

"Oui," dit-elle d'un ton sourd, en regardant le ciel.

Elle tendit la main, et elle resta un instant dans la sienne.

"Eh bien, bonne nuit, encore une fois."

"Bonne nuit, Dr Kincaid."

Alors qu'il se retournait, elle se découpait sur la lumière du gaz du hall. Puis sa silhouette se retira et la vue de l'intérieur se rétrécit jusqu'à ce que, alors qu'il se retournait, la luminosité disparut complètement et la porte se ferma.

CHAPITRE IX

Et voilà, tout était fini.

« C'est fini, se dit-il, c'est fini, Philippe. Continuez, Philippe, allez vous battre !

Mais ce n'étaient que des mots – et il ne pouvait pas encore « supporter de se battre ». Le fait de savoir qu'il ne la tiendrait jamais dans ses bras ne suffisait pas non plus à atténuer le chagrin qui l'envahissait alors qu'il avançait dans les rues mal éclairées. Il y avait, en outre, une douleur très cruelle : la douleur abstraite d'être si petit pour celui qui était tant pour lui.

Il visitait les patients encore éveillés et pansait les blessures qui nécessitaient d'être pansées. Il entendait les petites questions maussades et les plaintes sourdes comme il l'avait fait la veille. L'infirmière passa doucement devant les dormeurs avec sa lampe à abat-jour et, une ou deux fois, il lui parla. Et quand, les soins du médecin accomplis, l'homme eut gagné sa chambre, il repensa à ses espérances de la veille, et s'assit les coudes sur la table pendant que les heures sonnaient, se rappelant ce qui s'était passé depuis.

La nécessité de retourner si vite à la maison pour voir sa mère était éminemment désagréable ; il avait envie d'y échapper. Et puis, tout à coup, il s'est réchauffé envers elle avec des reproches, pensant qu'il avait été très dur de sa part de vouloir négliger sa mère pour épargner des embarras à une autre femme. Sa répugnance pour cette tâche était néanmoins profonde, et elle ne diminuait pas à mesure que l'après-midi approchait. Sans l'indisposition d'hier, il n'aurait jamais pu se résoudre à la surmonter.

L'embarras qu'il avait craint fut cependant évité par l'absence de Miss Brettan .

Mme Kincaid a dit qu'elle allait de nouveau très bien aujourd'hui ; Mary lui avait parlé de son appel de la veille au soir ; ça faisait combien de temps qu'il s'était arrêté ?

"Oh, pas très longtemps", dit-il ; "La névralgie est-elle complètement partie ?"

"Je me sens un peu fatigué après, c'est tout. Y a-t-il quelque chose de frais, Philip ?"

"Frais?" répondit-il vaguement. "Non, chérie. Je ne sais pas s'il existe quelque chose de très frais."

« Vous avez l'air fatigué vous-même, » dit-elle ; « Je pensais que tu étais peut-être troublé ?

Elle pensait aussi que Miss Brettan avait eu l'air troublée, et son instinct lui indiquait que quelque chose s'était produit. La conviction que son fils commençait à aimer sa compagne était restée inexprimée dans son esprit depuis un certain temps, et sous ses questions placides se dessinait maintenant un peu de nostalgie, en sentant qu'elle n'était pas assez chère pour avoir confiance. Elle avait envie de lui dire franchement : « Philip, avez-vous dit à Miss Brettan que vous l'aimiez quand j'étais à l'étage hier soir ? mais il hésitait à paraître curieux. Lui, sans jamais soupçonner qu'elle pouvait soupçonner son amour, réfléchissait entre-temps que, pour la paix continue de Mary, il était souhaitable que sa mère ne conjecture jamais qu'il avait été refusé.

Il est douteux qu'il se soit jamais senti aussi tendre envers elle que dans ces moments où il avouait qu'il était impératif de lui cacher le secret ; et peut-être que le cœur de la mère ne s'était jamais détourné aussi loin de lui que lorsqu'elle comprit qu'il ne fallait jamais le lui dire.

Ils échangèrent des lieux communs sur le seul sujet grave qui palpitait dans l'esprit de tous deux. Des deux, la femme était la plus travaillée ; et bientôt il remarqua à quel point c'était un travail difficile et soupira. Elle entendit le soupir et aurait pu y faire écho, pensant tristement que la présence de son compagnon était désormais nécessaire pour lui rendre sa société supportable. Mais elle ne voulait pas parler de Mary. Elle se penchait sur son ouvrage de laine, et l'aiguille rentrait et sortait avec une faible régularité, tandis qu'elle gardait un silence blessé, que l'homme regardait comme un refus de parler.

Il dit enfin qu'il devait partir, et elle ne proposa pas de le retenir.

« Je veux revenir rapidement cet après-midi, ça ne vous dérange pas ?

"Non", murmura-t-elle; "tu sais ce que tu as à faire, Philip, mieux que moi."

Il se baissa et l'embrassa. Pour la première fois de sa vie , elle ne lui rendit pas son baiser. Elle lui tendit la joue et posa une main un peu tremblante sur son épaule.

« Au revoir, » dit-elle ; son ton était si doux qu'il ne remarqua pas l'absence de la caresse. "Ne travaille pas trop dur, Phil!"

Il lui tapota la main d'un air rassurant et sortit. Puis la main remonta lentement jusqu'à ses yeux et elle essuya quelques larmes. L'ouvrage en laine tombait sur ses genoux, et elle se rappelait un petit garçon qui avait l'habitude de parler des choses merveilleuses qu'il allait faire pour « mère » quand il serait devenu un homme, et qui maintenant était devenu un homme, vivant pour une femme étrange et pleine d'un amour que "mère" ne pouvait que deviner.

Elle ne pouvait pas se sentir aussi cordiale envers Mary qu'elle l'avait été. Penser qu'elle détenait la confiance de son fils, alors qu'elle était elle-même laissée à spéculer, rendait le besoin de conjectures plus difficile. Et Philippe était malheureux : sa compagne devait lui être indifférente ; rien d'autre que cela ne pouvait expliquer le mécontentement, ni la réservation. Elle aurait pu lui pardonner d'avoir absorbé son affection – avec le temps ; mais son indifférence était plus qu'elle ne pouvait pardonner.

Pourtant, c'était la femme qu'il aimait – et elle s'efforçait de cacher son ressentiment, comme elle avait caché ses soupçons. Leurs rapports sexuels au cours de la semaine suivante furent néanmoins moins libres que d'habitude. Peut-être que le ressentiment était moins facile à cacher, ou peut-être que la nervosité de Mary la rendait excessivement sensible, mais il y eut des pauses qui lui parurent significatives de condamnation. Elle était extrêmement mal à l'aise cette semaine. Parfois, elle n'était dissuadée de proclamer ce qui s'était passé et d'en appeler à l'équité d'autrui pour l'exonérer que par le souvenir qu'il était, après tout, tout à fait possible que cet aveu ait pour effet de transformer un buisson en officier.

Elle ne pouvait pas oser répéter sa retraite dans sa chambre la prochaine fois que le médecin viendrait. Près de quinze jours s'étaient écoulés. Et elle se força à se tourner vers lui avec quelques remarques. Il n'était pas homme à réussir à dissimuler ses sentiments par un flot de bavardages ; sa vie ne l'y avait pas qualifié ; et c'était une épreuve pour lui de s'asseoir là en présence de Marie et d'être témoin de tentatives auxquelles il ne se sentait pas qualifié pour coopérer. Le fait qu'il savait que l'aisance simulée aurait dû provenir de lui plutôt que d'elle rendait son incompétence encore plus disgracieuse, et il craignait qu'elle ne le trouve grossier et disposé à afficher sa déception dans le but d'exciter sa compassion.

C'est pourquoi, comme il avait souhaité éviter une rupture dans la routine sociale, ses visites ultérieures furent faites à des intervalles plus longs et, le plus souvent, réduites sous prétexte de travail. Il lui était, en tout cas, encore impossible de se comporter envers elle comme si de rien n'était, et fuir la maison pendant un moment lui paraissait plus sage que de la hanter avec un trouble évident. Ainsi, la contrainte que Mme Kincaid s'imposait avait un fardeau supplémentaire à supporter : Miss Brettan gardait son fils à ses côtés. Les pauses devinrent plus fréquentes et, pour Mary, plus que jamais menaçantes. En effet, tandis que la mère réfléchissait tristement aux conséquences de ses fiançailles, la compagne elle-même se demandait combien de temps elle pouvait espérer les retenir. Elle commença à se demander si elle devait y renoncer, pour éviter l'indignité d'un licenciement. Et même si Mme Kincaid ne soupçonnait pas la raison de l'absence de son fils, la responsabilité était la même, pensa-t-elle. C'était elle qui avait divisé le couple, elle qui était responsable de l'expression blessée que le visage de la vieille dame arborait si souvent maintenant. Elle sentait avec lassitude que les femmes avaient beaucoup à endurer dans la vie, entre les hommes dont elles prenaient soin et ceux dont elles ne se souciaient pas. Il ne semblait y avoir aucun privilège lié à leur sexe ; être féminine n'a fait qu'amplifier les possibilités de vexation. Ce qu'elle ne voyait pas, c'est que l'une des choses les plus pathétiques en ce qui concerne l'amant mal-aimé est l'irritabilité avec laquelle la femme pense si souvent à son sujet.

Avec quels sentiments elle aurait pu écouter Kincaid si elle l'avait rencontré avant son intimité avec Carew, on ne peut que conjecturer. Maintenant, il ne la touchait plus du tout ; mais l'intimité avait été une expérience qui avait tellement englouti sa sensibilité qu'elle en était sortie un être différent. Le rival de Kincaid, en vérité, était le plus puissant qui puisse jamais s'opposer à un amant ; la rivale du souvenir constant – toujours une vaillante antagoniste, et jamais aussi imprenable que lorsque la femme est instinctivement une femme vertueuse et est tombée amoureuse de l'homme dont elle se souvient.

L'idée vint à Mary de chercher une occasion de faire savoir au médecin qu'il peinait sa mère en venant si rarement maintenant ; mais une telle opportunité n'était pas facile à saisir, car lorsqu'il venait, sa mère était bien sûr présente. Elle songeait à écrire, mais le bouche à oreille suffirait, tandis qu'une lettre, dans ces circonstances, aurait sa gêne.

Plus de deux mois s'étaient écoulés lorsque Mme Kincaid déposa sa plainte. C'était un dimanche matin. Mary se tenait devant la fenêtre et regardait dehors, tandis que la femme plus âgée était assise, maussade, à sa place habituelle.

"Allons-nous à l'église?" demanda Marie.

« Oui, je suppose ; nous avons tout le temps, n'est-ce pas ?

" Oh oui, il est encore tôt, pas dix heures. Quelle belle journée ! Le printemps a commencé. "

"Oui," acquiesça distraitement l'autre.

Il y eut un court silence, puis :

"Je ne courrai aucun risque de manquer le Dr Kincaid en sortant ; je n'ai pas besoin d'avoir peur de ça !" elle a ajouté.

Sa voix avait tellement plus de pathétique que d'irritation, qu'après le désarroi de l'instant, son compagnon se sentit profondément désolé pour elle.

« Le temps d'un médecin ne lui appartient guère, n'est-ce pas ? murmura-t-elle en se retournant.

Mme Kincaid ne répondit pas immédiatement, et le retard parut à Mary accentuer la faiblesse de sa réponse.

"Je veux dire," dit-elle, "ce n'est pas comme s'il pouvait quitter l'hôpital quand il le voulait. Il peut y avoir des cas..."

"Avant, il pouvait venir souvent ; pourquoi ne pourrait-il pas le pouvoir maintenant ?"

"Oui——" balbutia Mary.

"Je ne lui ai pas demandé, c'est une bonne raison qui l'éloigne de moi, bien sûr. Mais c'est dur, quand on vit dans la même ville que son fils, de ne pas l'avoir avec soi plus d'une heure après." un mois. Je ne le vois pas beaucoup plus que ça, ces derniers temps. La dernière fois qu'il est venu, il est resté vingt minutes. La fois d'avant, il a dit qu'il était pressé avant de dire : « Comment vas-tu ? Il n'a jamais baissé son chapeau, vous l'avez peut-être remarqué ? »

"Oui, je l'ai remarqué", a admis Mary.

"Tu sais ; oh, tu sais !" s'écria-t-elle intérieurement, le cœur serré. " *Maintenant* , que dois-je faire?"

"N'imaginez pas que je le blâme," poursuivit Mme Kincaid, "je ne blâme personne ; la raison peut être très forte en effet. Seulement il semble plutôt injuste que je doive en souffrir, étant donné que je ne le fais pas. Je n'entends pas ce que c'est.

" Alors pourquoi ne pas parler au Dr Kincaid ? S'il comprenait que vous ressentez si vivement son absence, vous pouvez être sûr qu'il essaierait de venir plus souvent. Pourquoi ne lui dites-vous pas qu'il vous manque ? "

"Je ne poursuivrai jamais mon fils pour ses visites", dit la vieille dame avec un brin de dignité, "et je ne lui demanderai pas non plus pourquoi il s'absente. C'est tout à fait son affaire. A mon âge, on commence à voir que notre Les enfants ont des droits dans lesquels nous ne devons pas empiéter, des secrets qui doivent nous être révélés librement, ou ne pas être révélés du tout. Nous commençons à le voir, seulement nous sommes vieux pour apprendre. Là, ma chère, n'en parlons pas. ce n'est pas un sujet agréable. Je pense que nous ferions mieux d'aller nous habiller.

Mary la regarda, impuissante ; il y avait une finalité dans son ton qui excluait toute possibilité d'avancée. Il était plus que jamais évident que la tâche de lui faire des remontrances incombait à Mary elle-même, et elle décida de lui écrire cet après-midi. Peu de temps après le dîner, Mme Kincaid se rendit dans le jardin et, livrée à elle-même dans le salon , Mary tira sa chaise vers le secrétaire. Elle écrirait quelques lignes, pensa-t-elle, même si c'était maladroit, et les enverrait immédiatement. Pourtant, ce n'étaient pas des lignes faciles à réaliser, et elle grignotait beaucoup sa plume au cours de leur composition ; la gêne qui envahissait certaines phrases était trop flagrante. Quand le mot fut enfin terminé, elle le glissa dans sa poche et dit à Mme Kincaid qu'elle aimerait aller se promener.

"Oh, bien sûr, pourquoi pas ?"

"Je pensais que tu pourrais peut-être me vouloir."

"Non", a déclaré Mme Kincaid ; "Je m'en sortirai très bien, je jardine."

Elle était en effet plus gaie qu'elle ne l'avait été depuis quelque temps, s'occupant parmi les violettes et se penchant sur les crocus pour nettoyer la terre.

« Allez-y, » ajouta-t-elle en hochant la tête par-dessus son épaule ; "Une promenade vous fera du bien!"

Bien que le souhait n'ait été exprimé que d'éviter de remettre la lettre à un domestique, Mary pensa qu'elle ferait aussi bien de profiter de l'occasion ; et de la poste elle alla tranquillement jusqu'à la plage. Puis il lui vint à l'esprit que le médecin pourrait lui rendre visite cet après-midi, et elle regretta d'être sortie. On aurait pu se passer de cette lettre laborieuse ; elle aurait pu lui parler avant qu'il rejoigne sa mère dans le jardin ! Elle se retourna aussitôt et, alors qu'elle approchait de la Loge, elle le vit en sortir. Ils se rencontrèrent à moins de cinquante mètres de la porte.

"Eh bien, as-tu apprécié ta promenade, tu n'es pas allé très loin ?" il a dit.

« Pas beaucoup », dit-elle ; "J'ai changé d'avis. Comment as-tu trouvé ta mère ?"

« Elle se promenait sur le sol mouillé, ce qui n'était pas très sage de sa part. Pourquoi tu demandes ?

"Oh, je... Tu lui as un peu manqué, je pense ; elle veut que tu sois là plus souvent."

"Oh?" il a dit; "Je suis vraiment désolé. En es-tu sûr ?"

"Oui, j'en suis sûr ; vous lui manquez vraiment un peu. En fait, je viens de vous écrire, Dr Kincaid."

« Pour moi ? Et à propos de ça ? »

"Oui."

"Je ne savais pas", dit-il; "Je n'aurais jamais pensé que je lui manquerais comme ça. C'était très gentil de ta part."

"Je voulais t'en parler auparavant. Je vois depuis quelque temps qu'elle était bouleversée."

"Est-ce qu'elle a dit quelque chose?"

"Elle n'en a parlé que ce matin, mais je l'ai remarqué."

« C'était très gentil de votre part, répéta-t-il ; "Je suis très obligé."

Tous deux souffraient légèrement de la conscience de la répression ; et après quelques secondes, elle dit hardiment :

"Dr Kincaid, si vous restez à l'écart avec l'idée de m'éviter un embarras, je vous en supplie."

"Eh bien, bien sûr," dit-il, "je pensais que tu préférerais que je ne vienne pas."

"Mais pensez-vous que je puisse consentir à vous éloigner de la maison de votre mère ? Vous devez en voir... la responsabilité ! Ce que j'aimerais savoir, c'est si vous restez à l'écart uniquement pour moi ?"

"Je ne voulais pas vous imposer mes ennuis."

"Non", dit-elle; "Ce n'est pas ce que je veux dire. Je suis heureux de vous avoir rencontré; je veux vous parler franchement. J'ai pensé que cela vous faisait peut-être mal de venir; que ma présence là vous rappelait… que vous n'aimiez pas ça. ? Si c'est le cas———"

"Je crois que vous exagérez l'importance de la chose ! C'est très gentil et très féminin de votre part, mais vous vous rendez malheureux pour rien. J'ai eu beaucoup de choses à m'occuper ces derniers temps, à l'avenir j'irai plus souvent. ".

"Je me sens très coupable", répondit-elle. " Si j'ai raison de penser qu'il serait plus agréable pour toi de rester à l'écart plutôt que d'aller me voir, ma route est claire. Ce n'est pas ma maison, tu sais ; je suis dans une situation, et on peut y renoncer. ".

"Il ne faut pas parler ainsi. J'ai dû faire une très grosse erreur pour vous donner une telle idée. Ne restons pas ici ! Cela vous dérangerait-il de revenir un peu en arrière ? Si ce que je vous ai dit vous obligeait à quitter Westport, Je me le reprocherais amèrement."

Ils marchèrent lentement dans la rue ; et pendant une minute chacun des deux hommes chercha des phrases.

"C'est sûr," dit-elle brusquement, "que c'est bien mal d'être la compagne de ta mère ! Si je n'étais pas dans la maison , tu y irais comme avant. Je ne peux m'empêcher de ressentir ça."

"Mais j'y *irai* comme avant. Je l'ai dit."

"Oui," murmura-t-elle.

« Ça ne vous satisfait pas ? »

"Vous irez, mais il n'en demeure pas moins que vous préféreriez ne pas y aller ; et la cause de votre réticence est ma présence là-bas."

"C'est vous qui insistez sur les réticences", a-t-il clôturé ; « *Je n'ai* pas dit que j'étais réticent. Je pensais que tu préférerais que je t'évite pendant un moment ; personnellement… »

"Oh!" dit-elle, tu crois que je n'ai pas vu ? Je sais très bien que cette position est fausse !

"Je t'ai dit que je ne deviendrais jamais un souci pour toi", dit-il humblement ; "J'ai essayé de tenir parole."

"Vous avez été tout ce qui est prévenant; c'est ma faute. J'aurais dû démissionner le lendemain de votre conversation."

"Je ne pense pas que cela m'aurait beaucoup aidé. Tu dois comprendre qu'un changement comme celui-là était la dernière chose que je voulais que mon amour effectue."

Au mot « amour », la femme tressaillit un peu, et lui-même n'avait pas été dépourvu de sensation en le prononçant. Le son était fort pour eux deux. Mais pour elle, cela ajoutait au sentiment de gêne, tandis que pour l'homme, cela semblait les rapprocher.

« C'était très dense de ma part, » continua-t-il ; " mais avec toutes les conséquences que je prévoyais en vous parlant, je n'ai jamais pris en compte celle qui s'est produite. Je me demandais si j'avais raison de vous demander de renoncer à une vie confortable pour un foyer tel que je pourrais vous offrir ; j'ai considéré une demi-douzaine de choses ; mais j'ai négligé de vous rendre la maison insupportable. Maintenant, avec votre intérêt à cœur tout le temps, je vous ai blessé ! Je ne peux pas vous dire à quel point je suis désolé de l'apprendre. "

"Ce n'est pas insupportable", dit-elle ; « « insupportable » est beaucoup trop fort. Mais je vois mon devoir, et je sais que la bonne chose est que je m'en aille ; ta mère voudrait alors de toi comme elle devrait t'avoir. Tant que je m'arrête, cela ne pourra jamais être vraiment gratuit pour chacun de vous. Et bien sûr, elle le sait!"

« Pensez-vous qu'elle le fasse ? » il s'est excalmé.

"Les femmes sont-elles aveugles ? Bien sûr qu'elle le sait ! Et que peut-elle ressentir à mon égard ? C'est seulement l'affection qu'elle a pour toi qui l'empêche de me renvoyer."

"Oh, non!" il a dit. "'Vous décharger'!"

" Que suis-je ? Je ne suis que sa servante. Ne clignez pas des yeux, Dr Kincaid ; je suis la compagne de votre mère, une femme que vous n'aviez jamais vue il y a deux ans. Cela aurait été bien mieux pour vous si tu ne m'avais jamais vu du tout!"

"Vous ne pouvez pas dire ce qui aurait été le mieux pour *moi* ", répondit-il d'un ton hésitant ; "J'aurais préféré te connaître comme je le fais plutôt que de ne pas nous être rencontrés. Pour toi, peut-être..."

"Faire taire!" elle l'interrompit ; " Nous ne pouvons ni l'un ni l'autre oublier ce qu'a été notre rencontre. Pour ma part, je dois ma vie à votre rencontre ; c'est pourquoi le résultat est si abominable, c'est vraiment dommage ! Je n'ai pas dit grand-chose, mais je m'en souviens chaque jour. ce que je te dois. Je sais que je te dois les vêtements que je porte.

"Oh! Pour l'amour de Dieu!" il murmura.

"Et mon remboursement est pour vous rendre malheureux – et elle malheureuse. C'est noble!"

Son rythme s'accéléra et la voir excitée l'impressionna très fortement. Il avait envie de la réconforter, et comme cela était impossible à cause de la disparité de leurs sentiments, la vue de son émotion lui était plus douloureuse. Il n'avait jamais senti le désespoir de son attachement si lourd sur lui que maintenant qu'il la voyait troublée à cause de cela, et comprenait en même temps que cela l'empêchait de lui offrir une consolation. Ils marchaient, regardant fixement devant eux la vue des magasins fermés et la quiétude du dimanche, jusqu'à ce qu'enfin il dise avec effort :

"Si tu y allais, tu me rendrais plus malheureux que jamais."

Elle ne répondit pas à cela ; et après un coup d'œil au profil troublé :

"Je suis prêt à faire ce que vous voulez", a-t-il ajouté ; " tout ce qui rendra la situation plus facile pour vous. Il semble qu'avec les meilleures intentions, je n'ai réussi qu'à vous irriter tous les deux. Mais le tort causé à ma mère peut être réparé ; et si je vous chasse , j'aurai fait un mal durable... Pourquoi ne dites-vous pas que vous resterez ?

"Parce que je n'en suis pas sûr. Je ne peux pas le déterminer."

"Votre objection était l'imagination selon laquelle vous étiez responsable du fait que je la voyais si rarement ; j'ai promis de la voir aussi souvent que possible."

Elle se mordit la lèvre. Elle n'a rien dit.

"Je ne peux pas faire plus, n'est-ce pas ?"

"Non", a-t-elle avoué.

"Alors, qu'est-ce qu'il y a ?"

"Le problème est que——"

"Quoi?"

"Vous me montrez plus clairement à chaque minute que je *dois* y aller."

Quelque chose dans le mutisme avec lequel l'annonce avait été reçue lui disait combien elle était inattendue. Et en effet, entendre que son amour, inaperçu de lui-même, avait lutté contre lui était la chose la plus dure qu'il ait eu à supporter. Sentant que chaque remontrance qui lui échappait les éloignerait encore davantage, l'homme se sentait impuissant. Ils traversaient maintenant le cimetière et elle dit quelque chose sur l'impossibilité d'aller plus loin.

"Eh bien, comme vous viendrez plus souvent, notre conversation n'a pas été inutile !"

"Attendez une seconde", dit-il. Il s'arrêta près du porche et la regarda. "Je ne peux pas te laisser comme ça. Mary——!"

"Oh!" " Ne dis rien, ne dis rien ! " balbutia-t-elle.

"Il le faut. A quoi bon ? Je cache tout, et tu le sais toujours ! Tu le sauras toujours. Rien n'aurait pu être plus honnête que mon assurance que je ne t'apporterai jamais de détresse, et je l'ai apporté détresse. Regardons la chose bien dans les yeux : toi, tu ne seras pas ma femme, mais tu n'as pas besoin de t'en aller. Que ferais-tu ? Qui connais-tu ? Laissant hors de question ma perte de toi, pense à mes reproches!"

A l'intérieur de l'église, un éclat de voix d'enfants, un peu étouffées par la porte fermée, mais encore trop proches pour être tout à fait belles, s'éleva soudain en hymne. Elle se tenait debout, le visage détourné, regardant l'herbe rugueuse que le vent remuait légèrement parmi les pierres tombales.

"Pour une fois, regardons les choses franchement", répéta-t-il. "Nous nous souvenons tous les deux que je t'aime - il n'y a rien de gagné à faire semblant. Si les circonstances étaient différentes, si tu avais un endroit où aller, j'aurais moins le droit d'intervenir; mais dans l'état actuel des choses, ton départ signifierait pour moi une honte constante. Je devrais tout le temps penser : « Elle était en paix dans une maison et vous l'en avez chassée ! Voir la femme qu'il aime s'éloigner, sans protection, parmi des étrangers, pour manquer peut-être du strict nécessaire - quel genre d'homme pourrait supporter cela ? c'est comme si je vous avais mis à la porte. Un tremblement soudain la saisit ; elle frissonna.

"Asseyez-vous", dit-il avec autorité. "Il faut s'entendre !"

Mais sa protestation ne se poursuivit pas immédiatement, et tous deux restèrent pensifs à l'abri du porche. Après tout, elle fut la première à reprendre la parole.

« Vous me persuadez d'être un grand lâche, dit-elle ; " et je ne suis pas au mieux une femme très courageuse. Si je fais ce qui est juste, je peux vous faire souffrir pendant un petit moment, mais je vous épargnerai le malheur que vous aurez si vous continuez à me rencontrer. "

"Vous considérez mon bonheur et son bonheur, mais pas le vôtre. Et pourquoi ? vous ne m'épargneriez rien."

" Vous ne serez jamais satisfait. Oh oui, soyons honnêtes les uns envers les autres, vous avez raison ! Vos craintes à mon sujet sont assez vraies ; mais vous avez surtout hâte que j'arrête pour que vous puissiez encore me voir. Et qu'en sera-t-il ? Je ne pourrai jamais t'épouser, jamais ; et tu seras malheureux. Si je te donnais une chance d'oublier... "

"Je n'oublierai jamais, que tu t'arrêtes ou que tu partes."

"Vous *devez* oublier!" elle a pleuré. "Tu dois m'oublier jusqu'à ce que ce soit comme si tu ne m'avais jamais connu. Je ne serai pas accablé de savoir que je gâche ta vie. Je ne le ferai pas!"

"Marie!" » dit-il d'un ton suppliant.

"Oh," s'exclama-t-elle, "c'est cruel ! J'aurais aimé mourir avant que tu m'aimes !"

"Vous ne savez pas ce que vous dites ! Vous me faites sentir... Pourquoi," demanda-t-il dans sa barbe, "pourquoi cela ne pourrait-il jamais être... à temps, si vous restez ? Je n'en parlerai jamais du tout. plus, jusqu'à ce que tu le permettes, aucun signe ne te dira que j'attends ; mais bientôt, cela sera-t-il toujours impossible ? Chérie, cela me tient si fort, mon amour pour toi. Ne sois pas plus dur que toi. besoin, c'est si réel, si profond. Ne me refuse pas le droit d'espérer, en secret, par moi-même, c'est tout ce que j'ai, tout ce que je te demanderai pendant des années, si tu veux, le droit de penser que tu peut-être sera-t-elle ma femme un jour . Laissez-moi ça !

"Je ne peux pas," dit-elle d'une voix épaisse ; "ce serait un mensonge."

"Tu ne pourrais jamais prendre soin de moi, pas même *me laisser* prendre soin de *toi* ?"

Un mouvement lui répondit, et sa tête fut baissée. Il était assis, le menton soutenu par la paume, observant le travail agité de ses mains sur ses genoux. Les paroles finales de l'hymne leur parvinrent distinctement à tous deux, et ils écoutèrent jusqu'à ce que le silence tombe, sans savoir qu'ils écoutaient.

" Puis-je vous demander une chose ? Vous savez que je respecterai votre confiance. Est-ce parce que vous tenez à un autre homme ? "

"Non, non," dit-elle avec véhémence, "je m'en fiche !"

"Dieu merci pour ça ! Même s'il n'y a personne que tu préfères, tu seras la femme que je veux et que j'attends jusqu'au bout."

Ses mains restaient immobiles ; la contrainte de l'aveu se présentait enfin à elle. Entendre cette chose et la sanctionner en le laissant dans l'ignorance serait un tort qu'elle n'osait envisager ; et, obligée de proclamer que ses sentiments ne pourraient jamais influer sur la question, elle devint froide et humide. À deux reprises, elle tenta la finalité requise, et à deux reprises ses lèvres s'entrouvrirent sans bruit.

"Dr Kincaid————"

Il leva les yeux vers elle et son courage s'évanouit.

"Ne pensez pas," dit-il, "que je vous ferai un jour désolé de m'avoir dit cela. Vous avez simplement supprimé une crainte. Je vous en suis reconnaissant."

"Oh," murmura-t-elle d'une voix suffocante, "ça ne fait aucune différence. Comment vais-je expliquer le... pourquoi tu ne comprends pas ?"

"Qu'est-ce que je dois comprendre ?"

" Il ne faut pas être reconnaissant, vous vous trompez. Jamais au monde, tant que nous vivons ! Il y avait quelqu'un d'autre ; je... "

« Soyez ouvert avec moi, » dit-il sévèrement ; "En toute justice, soyons clairs et vrais ! Vous venez de déclarer que vous ne vous souciez de personne ?"

"Non," haleta-t-elle, "J'ai dit ça – je voulais dire que je m'en fichais. Je m'en fiche – nous ne nous en soucions pas non plus ; il ne sait pas si je suis en vie, mais… il y avait un autre homme. , et--"

"Oh mon Dieu, tu vas me dire que tu es marié ?"

Elle secoua la tête. Ses yeux la transperçaient ; elle les sentait sur elle partout où elle regardait.

"Alors parle et fini ! 'Il y avait un autre homme.' Quoi de plus?"

Soudain, la première peur était entrée dans ses veines, et, bien qu'il n'ait conscience que d'une vague oppression, il était déjà terrifié par l'anticipation de ce qu'il allait entendre.

"'Il y avait un autre homme'", répéta-t-il d'une voix rauque. "Et lui ?"

Elle était penchée en avant, courbée de manière à ce que son visage soit complètement caché. Avec le silence qui était tombé à l'intérieur de l'église, la scène était plus calme qu'elle ne l'avait été et le calme de l'air intensifiait ses difficultés d'élocution. Elle avait du mal à faire émerger de sa confusion la phrase pour exprimer son impureté, mais tous les termes semblaient à la fois éhontés et indicibles ; et le travail continua jusqu'à ce que, évanouie par la tension de la pause et les violents battements de son cœur, elle dit d'une voix presque inaudible :

"J'ai vécu avec lui trois ans."

CHAPITRE X

Elle l'entendit reprendre son souffle, puis ils restèrent longtemps immobiles, exactement comme ils étaient assis lorsqu'elle parlait. Maintenant qu'elle avait arraché le fait, le caractère poignant de sa souffrance s'est atténué ; Même peu à peu, elle comprit qu'après cela son départ de la ville était inévitable, et ses pensées commencèrent à se préoccuper vaguement de son avenir. En lui, la conscience ne pouvait jamais vaciller au son de ce qu'elle avait dit. Elle était impure. Elle avait connu la passion et la honte, elle-même ! Le paysage perdait ses proportions à mesure qu'il le regardait ; les nuages du ciel et la teinte du lointain, tout avait changé : elle était impure.

Les minutes laborieuses passèrent ; il se tourna et regarda lentement son profil détourné. La courbe de la joue était incolore ; ses mains étaient toujours jointes sur son genou. Il l'observa un moment, s'efforçant de relier la femme à ses mots. Quelque chose semblait porter sur son cerveau, de sorte qu'il ne semblait pas tout à fait proche . Cela ne lui paraissait plus si vivant, ni si sien, comme avant que la vilenie de cette chose ne soit exprimée.

"Je ne vous ai jamais dit de mensonge", murmura-t-elle, "je ne vous ai jamais dit de mensonge à Londres. Ne pensez pas que je suis une tromperie : chaque mot de ce que j'ai dit ce jour-là était vrai."

"J'ose le dire," répondit-il d'un ton sourd; "Je ne vous ai pas accusé."

Le changement de ton dans son ton était lourd de condamnation pour elle, et elle se demandait s'il la croyait ; mais en réalité, il reconnut à peine qu'elle avait dit quoi que ce soit qui exigeait d'être cru. Son assurance lui parut juvénile, incongrue. Il y avait un air presque irréel à ce qu'ils soient assis ici, à contempler le flou du cimetière. Quelque chose d'irréparable s'était produit et elle était étrange.

Le service était terminé et, sortant en troupe, les élèves de l'école du dimanche claquaient à leurs pieds, brillants et bruyants, et les regardaient avec une inquisition oblique. Elle se releva nerveusement, et, se redressant, il la suivit à travers la foule des enfants jusqu'à la porte. Là, leurs pas s'arrêtèrent et pendant quelques secondes ils restèrent silencieux à regarder la ruelle.

Pour elle, abasourdie par aucun choc destiné à rendre la réalité moins réelle, ces dernières secondes contenaient le condensé de l'humiliation de l'heure. La rigidité avec laquelle l'homme attendait à côté d'elle semblait éloquente du dégoût, et elle réfléchissait amèrement à ce qu'elle avait fait, à la façon dont elle s'était humiliée et avait détruit son respect ; elle avait envie de se libérer de sa présence de reproche. Sur le gravier derrière elles, l'une des plus grandes filles murmura à une autre, et l'autre rigola.

Elle fit un léger mouvement, et il répondit par quelque chose d'impossible à saisir. Elle ne lui tendit pas la main ; elle ne l'a pas immédiatement plaint. Si un étranger lui avait raconté cela, elle aurait eu pitié et compris ; lui dit toute seule, elle comprit seulement qu'elle était méprisée. Ils se séparèrent avec un « bon après-midi » mécanique, doucement et lentement. Les deux filles, qui les regardaient avec une impatience précoce, débattaient de leur relation.

La route était longue et dénudée devant lui, et il la suivit léthargiquement. Il continua d'entendre ses paroles : « Il y avait un autre homme », mais il ne savait pas qu'il les avait entendus – il ne poursuivit activement aucune ligne de pensée. Ce n'est que par intervalles momentanés qu'il se rendit compte qu'il réfléchissait. Le sentiment d'avoir quelque chose d'engourdi en lui persistait encore, et son état était encore plus de stupeur que de douleur.

"Il y avait un autre homme !" La phrase bourdonnait à ses oreilles, et à mesure qu'il avançait , il s'en réveilla, la persistance de cette phrase le touchait ; et il commença à le répéter – mentalement, difficilement, en essayant d'inciter son esprit à le comprendre et à l'assimiler. Même alors, il ne souffrit pas intensément. Il n'y avait rien de grave dans ses sentiments. Il avait du mal à s'en rendre compte , même s'il n'en doutait pas. Elle était ce qu'elle avait dit être ; il le savait. Mais il ne pouvait pas la voir ainsi ; il ne pouvait pas l'imaginer la femme qu'elle avait dit être. Il la voyait toujours telle qu'elle avait été pour lui, calme et autonome. Son attitude n'était qu'un masque, mais il s'accrochait à son image, lui cachant encore la véritable identité. Il s'efforçait de la concevoir dans sa vie passée, se méprisant parce qu'il n'y parvenait pas ; il voulait se rappeler qu'il aimait les déguisements ; il voulait l'effacer. Le fait que ce soit un déguisement et qu'elle ne l'ait jamais été était si difficile à comprendre. Il essayait de la voir rire de déshonneur , mais le tableau ne vivrait pas ; cela ne semblait pas naturel. C'était le début de son agonie : le sentiment qu'il l'avait si peu connue que c'était elle-même, ce qui semblait impossible.

Et cet autre homme savait tout : il avait vu chacune de ses humeurs, l' avait appris à chaque phase !

"Marie !" il murmura; et il était perdu dans la conscience qu'en réalité il n'avait jamais connu « Mary ».

Il s'aperçut que l'homme évoluait dans ses pensées comme un homme sombre, petit et suave, et il se demanda comment cette idée lui était née. Vaguement, il commença à se demander à quoi il ressemblait réellement. Il était trop tôt pour se demander qui il était – il se demandait seulement à quoi il ressemblait, dans un esprit vague, cherchant la présence à laquelle l'associer. Ensuite, l'impression s'évanouit, et de brusques souvenirs lui vinrent d'hommes qu'il avait l'habitude de rencontrer.

La manière et l'attitude de ceux-ci captivèrent son attention. Ce n'était pas de sa propre volonté qu'il les considérait ; les personnalités ont insisté. Il ne supposait pas que l'un d'eux ait été son amant ; il savait qu'il était chimérique de considérer l'un d'entre eux comme tel ; mais son cerveau cherchait un homme à tâtons, et ces hommes familiers s'imposaient avec vivacité. L'horreur cachée de sa souillure se matérialisa , de sorte que la sueur jaillit sur lui ; la signification de ce qu'il avait entendu s'éclaira en rouge dans sa vision. Penser qu'il lui avait plu de se prêter au jouet des loisirs d'un homme, qu'un homme avait été libre de se vanter de sa vanité, lui tordait le cœur.

La solidité de l'hôpital le confrontait à la pente qu'il avait commencé à gravir. Sous lui s'étendaient les herbes des jardins de cottages somnolents dans le calme du sabbat. Du silence sortaient les jappements rapides du chien d'un garçon de magasin, le sifflement aigu d'un garçon de magasin. C'étaient les seuls sons. Puis il est entré.

Ce soir-là, Miss Brettan dit à Mme Kincaid qu'elle souhaitait la quitter.

La vieille dame reçut l'annonce sans aucune marque de surprise.

« C'est vous qui connaissez mieux votre propre esprit », dit-elle d'un ton méditatif ; "mais je suis désolé que tu partes, vraiment désolé."

"Oui", dit Mary; "Je dois y aller. Je suis désolé aussi, mais je ne peux pas m'en empêcher. Je———"

"Je pensais que tu arrêterais toujours avec moi ; nous nous entendions si bien ensemble."

" Vous avez été plus que gentil avec moi dès le premier jour ; je n'oublierai jamais à quel point vous avez été gentil ! Si seulement c'était possible. Mais ce n'est pas le cas ; je... "

Une fois de plus le pronom comme pierre d'achoppement sur un terrain délicat.

"Je ne peux pas m'arrêter !" » ajouta-t-elle d'une voix épaisse ; "J'espère que tu auras plus de chance avec ton prochain compagnon."

"Je n'en aurai pas d'autre, les changements me contrarient. Et tu dois y aller quand ça te conviendra le mieux, tu sais ; ne reste pas ici pour me laisser le temps de faire de nouveaux arrangements, car je n'en ai pas à faire. Étudie ton entièrement à votre convenance. »

"Cette semaine?"

"Oui, très bien ; que ce soit cette semaine."

Ils n'en dirent pas plus alors. Mais le lendemain après-midi, Mme Kincaid aborda le sujet brusquement.

"Qu'allez-vous faire, Miss Brettan ?" elle a demandé. "Avez-vous autre chose en vue ?"

"Non", dit Mary avec hésitation; "pas encore."

La suppression de ses motivations rendait difficile pour tous deux de parler franchement.

"Mais je n'ai aucun doute", a-t-elle ajouté, "que tout ira bien."

"Quel dommage ! Quel dommage, bien sûr !"

"Oh, tu ne dois pas t'affliger pour moi !" s'écria-t-elle ; "Ça n'en vaut pas la peine ; *je* n'en vaux pas la peine. Vous savez, vous savez, tant de femmes dans le monde doivent gagner leur vie ; et elles y parviennent, d'une manière ou d'une autre. Ce n'est qu'une de plus."

" Et tant de femmes découvrent qu'elles ne peuvent pas ! Dites-moi, *devez*-vous y aller ? Êtes-vous bien sûr de ne pas exagérer la nécessité ? Je ne vous demande pas vos raisons, je ne me mêle jamais des affaires privées des gens. Mais est-ce que vous tu es sûr que tu ne regardes rien sous un faux jour et que tu ne vas pas aux extrêmes ? »

"Oh!" » répondit Mary, emportée dans une soudaine franchise , « pensez-vous que je ne frissonne pas à cette perspective ? Pensez-vous que cela m'attire ? Je ne suis pas une fille, je ne suis pas chimérique ; je *ne peux pas* m'arrêter là !

La femme aînée soupira.

"Pourquoi ne pouvais-tu pas t'occuper d'un garçon aussi brave que mon fils ?" elle pensait. "Alors il n'y aurait eu aucun de ces ennuis pour aucun d'entre nous !"

"J'espère que vous aurez de la chance," dit-elle doucement. "Tout ce que je peux faire pour t'aider, bien sûr, je le ferai !"

"Merci", dit Mary.

"Je veux dire, tu ne dois pas avoir de scrupules à faire référence à moi ; c'est ta seule chance. Sans aucune référence———"

"Oui, je sais trop combien ils sont indispensables ; mais..."

"Vous êtes ici depuis deux ans. Je dirai que j'aurais aimé que cela reste votre maison."

"Merci", dit encore Mary. Mais elle n'était pas du tout sûre de pouvoir se prévaloir de cette recommandation donnée dans l'ignorance de la vérité. C'était précisément la question dont elle débattait. Si elle essayait d'en profiter, le médecin aurait peut-être quelque chose à dire ; et elle répugnait à devoir à la mère un témoignage que le fils saurait être immérité, qu'il interviene ou non ; elle voulait que son renoncement soit complet. Pourtant, sans cette source d'aide... Elle tremblait. Avec quelle rapidité les quelques livres en sa possession disparaîtraient ! dans combien de temps son expérience passée, avec toute sa cruauté et sa misère, reverrait-elle bientôt ! En imagination, elle avait déjà des plaies aux pieds, à la dérive dans les rues de Londres.

"Mme Kincaid——" cria-t-elle. Une impulsion passionnée la saisit de tout déclarer. Si elle avait eu dix-sept ans, elle se serait agenouillée aux pieds de la vieille femme, car ce n'est pas tant la véhémence de nos humeurs qui diminue avec le temps que le pouvoir de retenue qui augmente.

"Mme Kincaid, vous devez savoir ? Vous devez deviner pourquoi——"

«Je ne sais rien», dit vivement la vieille femme; "Je ne suppose pas !" Les couleurs disparurent de son visage et Mary ne l'avait jamais entendue parler avec autant d'énergie. "Mon fils me le dira... j'ai un fils... je n'aurai pas de tes nouvelles !"

"Je vous demande pardon", dit Mary; et ils se turent.

Le soir même, Mme Kincaid a envoyé un message à l'hôpital, demandant à son fils de venir la voir.

Elle n'avait pas mentionné qu'elle allait le faire, et ce fut avec un petit choc que Mary entendit l'ordre donné. Elle supposa cependant que cela lui avait été donné en sa présence à titre d'indice, et lorsque le moment approchant de son arrivée, elle se retira.

Il est venu avec appréhension et soulagement. Les dernières vingt-quatre heures l'avaient incliné vers cet état de tension où l'inattendu est toujours le pire, mais où l'on attend néanmoins que quelque chose d'inattendu se produise. Il ne savait pas ce qu'il redoutait d'entendre, mais la convocation l'alarmait, même s'il l'appréciait de lui permettre de se rendre à la maison.

Il jeta un rapide coup d'œil autour du salon et répondit au salut de sa mère par un rapide interrogatoire.

"Que s'est-il passé?"

« Rien de grave ne s'est produit. Je veux vous parler.

"J'avais peur que quelque chose n'allait pas", dit-il plus facilement. "Qu'est-ce que c'est?"

Il prit place en face d'elle, et elle fut consternée de constater le changement en lui. Elle le contempla quelques secondes, irrésolue.

"Philip", dit-elle, "cet après-midi, Miss Brettan avait hâte de me dire quelque chose ; elle avait hâte de faire de moi son confident. Et je ne voulais pas l'écouter."

"Oh?" dit-il... "Et tu ne l'écouterais pas ?"

"Non, je ne l'écouterais pas. J'ai dit : 'Mon fils me le dira, sinon je n'entendrai pas." Cet après-midi, je n'avais pas plus l'idée de vous faire venir que vous n'aviez pensé à venir. Mais j'y ai réfléchi : elle est dans la maison de votre mère, et c'est la femme que vous aimez. Vous l'aimez, Philippe ?

"Je lui ai demandé d'être ma femme", répondit-il simplement.

"Je le pensais. Et elle t'a refusé ?"

"Oui, elle m'a refusé. Si je ne te l'ai pas dit auparavant, c'est parce qu'elle m'a refusé. T'en parler aurait été faire de la douleur, de la douleur inutile, à toi et à elle."

Mme Kincaid réfléchit.

« Vous avez tout à fait raison », avoua-t-elle ; "Votre erreur a été de supposer que je ne devrais pas le voir par moi-même." Elle détourna les yeux de lui et regarda ostensiblement dans une autre direction. "Maintenant," ajouta-t-elle, "elle s'en va ! Peut-être que vous le saviez déjà, mais..."

"Non," répondit-il, "je ne savais pas; je pensais que c'était probable, mais je ne savais pas. Je comprends pourquoi vous m'avez envoyé chercher."

Il se leva, s'approcha d'elle et l'embrassa sur le front.

"Je comprends pourquoi vous m'avez envoyé chercher", répéta-t-il. "Quelle tendre petite mère! Et perdre son compagnon aussi!"

Là où il s'appuyait à côté d'elle, elle ne pouvait pas voir à quel point son visage était devenu blanc.

"Allons-nous la laisser partir, Phil ?"

Il lui caressa la main.

"J'ai bien peur que nous devions la laisser partir, maman, car elle ne veut pas s'arrêter."

« Vous n'avez donc pas l'intention d'intervenir ? Vous ne ferez rien pour l'empêcher ?

"Je ne peux pas l'empêcher", répondit-il froidement. "Je n'ai aucune autorité."

"En effet?" murmura Mme Kincaid. "Il semble que j'aurais pu épargner mes douleurs."

"Non", dit son fils; "Vos soins ont été bien pris en charge. Je suis très heureux que vous m'ayez parlé, ou plutôt je suis très heureux de vous avoir parlé, car vous savez maintenant que je ne voulais pas me tromper par mon silence."

"Mais... mais, Philippe..."

"Mais Miss Brettan doit partir, mère, parce qu'elle le souhaite !"

"Je ne vous comprends pas", s'est exclamée Mme Kincaid, déconcertée. "Je n'aurais jamais pensé que tu te soucierais d'une femme - tu ne m'as jamais semblé être ce genre d'homme, d'une manière ou d'une autre; mais maintenant que tu t'en soucies, tu ne peux sûrement pas dire que tu penses qu'il est juste que la femme quitte le seul. où elle a des amis et où elle sort seule dans le monde ? Ne dis-tu pas que tu es amoureux d'elle ?

"J'ai demandé à Miss Brettan de m'épouser", répondit-il. "Depuis que vous avez posé la question, je pense qu'il est juste qu'elle quitte les lieux ; je pense que chaque femme souhaiterait partir dans ces circonstances. Je pense qu'il serait indélicat de la retenir."

« Votre sens de la délicatesse est très aigu pour un amant, » dit sombrement la vieille dame ; " C'est une chose bien trop belle pour être confortable. Et je vais vous dire ce qui est encore plus grand : votre fierté. N'imaginez pas que vous m'embarquiez un instant ; regardez derrière vous dans la glace et demandez-vous si c'est probable ! "

Il s'était désormais éloigné d'elle et se prélassait sur le foyer, mais il n'essayait pas de suivre ses conseils. Il n'a pas non plus nié l'implication.

"J'ai l'air plutôt mal", a-t-il reconnu, "je sais. Mais vous vous trompez quand même ; ma fierté n'a rien à voir là-dedans."

" Vous vous rendez malade à l'idée de la perdre, et pourtant vous ne le ferez pas... Pas mais qu'est-ce qu'elle doit être folle de vous rejeter, certainement je ne la défends pas, n'y pensez pas ! Je ne le fais pas. " Je ne dis pas que je voulais te voir l'aimer, j'aurais préféré te voir épouser quelqu'un qui t'aurait été utile et t'aurait aidé dans ta carrière. Tu aurais pu faire beaucoup mieux, et je suis sûr que je comprenez que vous ayez une certaine fierté à ce sujet et que vous vous opposiez à la supplier de rester. Mais, malgré tout, si vous trouvez tellement chez cette femme en particulier que vous allez être malheureux sans elle, eh bien, je peux dire *quelque* chose à incitez-la à arrêter ! »

"A la femme que tu préférerais que je n'épouse pas ?" dit-il avec lassitude. "Mais tu ne dois pas faire ça, maman."

"Je veux te voir l'épouser, Philip; je veux te voir heureux. Tu ne me suis pas du tout. Puisque la peur de sa perte peut te faire ressembler à ça, tu ne dois pas la perdre; c'est ça." Je dis."

«Je l' *ai* perdue», répondit-il; "Je vous suis très bien. Vous pensez que j'aurais pu épouser une princesse, et vous auriez vu cela aussi avec un petit pincement au cœur. Vous me donneriez avec un grand pincement à Miss Brettan , mais vous me donneriez à elle parce que vous je pense que je la veux.

"C'est tout , ce n'est pas non plus une très grande douleur ; je sais que chaque homme est le meilleur juge de sa propre vie. En fait, cela ne devrait pas du tout être une douleur ; je ne pense pas que ce soit une douleur, seulement un petit amour est toujours le rival d'une mère au début, Phil ; et je suppose que c'est toujours la faute de la mère. Mais un jour, quand tu es marié à Mary, et que ton propre garçon tombe amoureux d'un étrange ma fille, ta femme te dira ce qu'elle ressent. Elle te l'expliquera mieux que moi, et alors tu sauras ce que *ta* mère ressentait et cela ne semblera pas si contre nature.

"Oh," dit-il, "chut ! Ne le fais pas ! Je ne serai jamais marié à Mary."

"Oui", a-t-elle déclaré, "vous le ferez. Quand vous dites cela, vous n'êtes plus le 'meilleur juge'; ce n'est pas un jugement, c'est de la colère, et je ne vais pas gâcher votre vie par la colère. et un manque de résolution. Phil, Phil, j'aurais dû penser que tu es le dernier homme qui aurait laissé une chose qu'il voulait lui glisser entre les doigts. Et une femme - les femmes disent souvent «non», pour commencer. Ce n'est pas le cas. les filles que l'on peut avoir pour demander qui font les meilleures épouses ; celles qui sont les plus difficiles à conquérir sont généralement les plus dignes d'être détenues. N'acceptez pas sa réponse, Phil ! Je vais la persuader de rester, et dans un premier temps tu n'as pas besoin de venir très souvent, cela ne me dérangera plus, je saurai ce que cela signifie, et quand tu viendras, je t'aiderai et je te dirai quoi *faire* . ayez la femme que vous voulez, je vous la promets ! »

" Mère, " dit-il (la pâleur avait touché ses lèvres), " ne dis pas ça ! Ne continue pas à parler de ce qui ne peut pas être. Ce n'est pas un malentendu à inventer ; ce n'est pas une cour à faire. aidé. Je vous dis que vous ne pouvez pas plus me donner Mary Brettan pour femme que vous ne pouvez me rendre mon enfance de l'éternité.

« Et je vous le dis, je le ferai ! dit-elle. « 'Cœur fragile...' Mais tu *auras* ta 'belle dame' ! Oui, au lieu de... tu te souviens de ce qu'on te disait quand tu étais un petit garçon ? 'Il y a un singe dans ton dos, Phil !' " Tu auras ta belle dame au lieu du singe qui est dans ton dos. C'est un singe adulte ce soir et tu es trop obstiné pour entendre raison. Bientôt tu verras que tu avais tort. Elle vous convient ; plus j'y pense, plus je suis convaincu qu'elle vous mettrait à l'aise. Vous auriez pu vous jeter sur une fille idiote sans penser au-delà de ses chapeaux et de ses robes ! Et elle s'intéresse à votre métier ; vous J'ai toujours su lui en parler ; elle comprend ces choses mieux que moi.

« Écoutez, s'écria Kincaid avec une passion contenue, écoutez et souvenez-vous de ce que vous venez de dire : que je suis un homme, pour en juger par moi-même ! Vous ne devez pas demander à Miss Brettan de rester, et vous ne devez pas penser que c'est ce que cela signifie. est-ce son départ qui me rend malheureux. Mon espoir est terminé. Entre elle et moi, il n'y aurait jamais de mariage si elle restait des années. Tout a été dit, et cela a été répondu, et c'est fait.

Il mordit le bout d'un cigare et fuma un peu avant de parler davantage. Lorsqu'il parlait, son ton était sous contrôle ; quiconque à qui son visage avait été caché aurait prononcé ces mots avec plus de force que le sentiment qui les dictait.

" Autre chose : après ce soir, ne me parle plus d'elle. Je ne veux pas entendre ; ça ne me plaît pas. Si tu veux me prouver ton affection, prouve-le-le par ça ! Pendant qu'elle est là, je peux. " Je ne te verrai pas ; quand elle sera partie, parlons comme si elle ne l'avait jamais été !

L'aspect de l'homme montrait à quel point ce calme affecté était le résultat d'une tension énorme. En fait, le caractère délibéré des mots, plus encore que les mots eux-mêmes, la poussaient à se convaincre de sa sincérité, ce qui était inquiétant parce qu'elle trouvait cela si inexplicable. Elle lissait les plis de sa robe, lui lançant de temps en temps des regards pleins de nostalgie et de pitié ; et enfin elle dit, d'une voix de personne qui se résigne à l'étonnement :

"Eh bien, bien sûr, je ferai ce que vous voudrez. Mais vous avez tous deux des notions très étranges de ce qui est juste, c'est certain ; l'aide vous semble tout aussi répugnante."

"Pourquoi dites vous cela?" demanda Kincaid. "Quelle aide Miss Brettan a-t-elle refusée ?"

"Elle hésitait à me référer qui que ce soit, pensai-je lorsque j'en parlai aujourd'hui. Je suppose que c'était un autre exemple de délicatesse au-dessus de ma tête."

"La référence ? Elle ne veut pas s'en servir ?"

"Elle semblait très dubitative. J'ai dit : 'Sans aucune référence, que vas-tu devenir ?' Et elle a dit : 'Oui, elle a compris, mais...' Mais quelque chose ; j'ai oublié exactement ce que c'était maintenant.

"Mais c'est fou !" dit-il impérativement.

" Elle sera impuissante sans cela. Elle a été votre compagne et vous n'avez rien à lui reprocher ; vous pouvez le dire en toute conscience. "

Il se leva et secoua son manteau pour le débarrasser des cendres tombées en morceaux du cigare.

"Rien de ce qui s'est passé entre Miss Brettan et moi ne peut affecter son droit à votre témoignage sur les deux années qu'elle a vécu avec vous ; j'aimerais qu'elle sache que je l'ai dit."

"Je vais lui dire ", a affirmé sa mère. "Qu'est-ce que tu vas faire?"

"Il se fait tard... A propos, il y a autre chose. Il lui faudra du temps avant de trouver un autre logement, au mieux ; elle ne doit pas penser que j'y suis pour quelque chose, mais je veux qu'elle le fasse. prends de l'argent avant qu'elle parte, pour la préserver du malheur... Où ai-je laissé mon chapeau ?

"Tu veux que je la persuade de prendre de l'argent, comme si c'était de moi ?"

"Oui, comme si c'était de toi - cinquante livres - pour la préserver de la détresse... Est-ce que je l'ai accroché dehors ?"

Sa mère s'approcha de lui et lui enroula les bras autour du cou.

"Pouvez-vous épargner autant, Philip?"

« Cela fait un certain temps que je passe par ici », dit-il.

CHAPITRE XI

Mary avait passé la soirée dans une grande anxiété. L'avenir informe était une terreur qu'elle ne pouvait bannir ; elle ne pouvait élaborer aucune ligne d'action définie pour maintenir un espoir.

Elle s'est réveillée d'un sommeil troublé avec le sentiment surprenant que quelque chose s'était passé. Après quelques secondes, la cause s'est répétée. Le silence fut rompu par le tintement d'une cloche, et une enquête nerveuse prouva qu'il s'agissait de Mme Kincaid.

La vieille dame expliqua qu'elle se sentait très mal, explication corroborée par sa voix, et en allumant une lumière, Mary vit qu'elle frissonnait violemment.

"Je ne peux pas l'arrêter ; et j'ai si froid. Je ne sais pas ce que c'est ; c'est comme si de l'eau froide coulait dans mon dos."

Son compagnon la regarda rapidement. "Nous allons mettre d'autres couvertures sur le lit. Attendez une minute pendant que je cours à l'étage !"

Elle revint avec les draps de sa propre chambre.

« Vous aurez bientôt beaucoup plus chaud », dit-elle ; "Tu as dû prendre un léger frisson."

Mme Kincaid resta muette un moment.

"J'ai tellement mal !" murmura t elle. "Comment aurais-je pu prendre froid ?"

"Où as-tu mal?"

"Dans mon côté, une douleur aiguë et lancinante."

La servante apparut alors, alarmée par le désordre, et Mary lui dit d'apporter des charbons, puis de s'habiller aussi vite qu'elle le pourrait.

"Y a-t-il des graines de lin ? Ou des flocons d'avoine feront l'affaire. Je dois faire un cataplasme."

"Je vais voir, mademoiselle. Il y a des graines de lin, je pense, mais———"

"Allez-y, ainsi qu'une bouilloire. Nous allumerons le feu tout de suite, puis je pourrai le rattraper ici."

La vieille dame gémissait et frissonnait tour à tour ; et on éprouva quelques difficultés à allumer le feu. Marie tenait un journal devant elle, et la servante avançait des théories au sujet de la cheminée.

Enfin, lorsqu'il fut possible d'appliquer le cataplasme, Mary l'envoya chercher une bouillotte et du whisky.

"Vous serez directement à l'aise", dit-elle au malade. « Quelque chose de chaud à boire et la flanelle chaude à vos pieds feront toute la différence. »

« J'ai tellement froid, c'est amer – et c'est douloureux ! Je n'arrive pas à imaginer ce que ça peut être.

" Alors, laisse-moi te mettre ça, tout est prêt. Ce ne sera pas... c'est ça ?... Voilà ! Comment ça ? "

"Oh!" » balbutia Mme Kincaid, « oh, merci ! Ah ! vous le faites très bien.

« Vous voyez, nous avons ici le reste du luxe ! Elle a mélangé le stimulant et le lui a apporté. « Levez simplement la tête », murmura-t-elle ; "Je vais te tenir le verre, pour que tu n'aies pas à t'asseoir. Prends ceci, maintenant, et pendant que tu le sirotes, Ellen préparera la bouteille."

"Il n'y a pas grand-chose dans la bouilloire", a déclaré Ellen. "Je ne sais pas- -"

"Utilisez ce qu'il y a et remplissez-le à nouveau. Ensuite, voyez si vous pouvez me trouver du papier brun."

En quête de papier kraft, Ellen était partie quelque temps ; et, après avoir posé le gobelet vide et rangé le lit, Mary se mit elle-même à en chercher.

Elle trouva un drap tapissant un tiroir, l'enroula en forme de tube et le fixa au bec de la bouilloire pour diriger la vapeur dans la pièce. Elle ne l'avait pas fait depuis longtemps lorsque la jeune fille revint inconsolée pour lui dire qu'il n'y avait pas de papier kraft dans la maison. Mary l'a entraînée dehors.

« Allez-vous rester assise là toute la nuit, mademoiselle ?

"Parle plus bas ! Oui, je vais m'asseoir. Quelle heure est-il ?"

La jeune fille raconta qu'elle venait d'être étonnée de voir à l'horloge de la cuisine qu'il était quatre heures et demie ; il lui avait semblé qu'elle ne s'était pas endormie depuis longtemps lorsque la cloche sonna.

"Je veux que vous alliez chercher le Dr Kincaid, Ellen ; j'ai peur que Mme Kincaid ne soit malade."

"Voulez-vous dire que je dois y aller immédiatement ?"

"Oui. Dis-lui que sa mère ne va pas bien et qu'il vaudrait mieux qu'il la voie. Ramène-le avec toi. Tu n'as pas peur de sortir, il doit faire jour ?"

Ils relevèrent le store de la fenêtre du palier et virent la lumière du jour pénétrer dans la cour voisine.

"Pensez-vous qu'elle va être très méchante, mademoiselle ?"

"Je ne sais pas, je ne peux pas le dire. Dépêche-toi, Ellen, c'est une gentille fille ! reviens le plus vite possible !"

Une rougeur profonde avait envahi le visage sur l'oreiller. Les yeux languissaient et une expression d'agonie renforçait la croyance de Mary dans la gravité de la crise ; elle craignait que ce ne fût un début d'inflammation des poumons. Il fallait attendre trois quarts d'heure pour que Kincaid arrive, et, consciente qu'elle ne pouvait désormais plus qu'attendre, le temps décalait terriblement. Le silence, banni au premier coup de cloche, avait retrouvé sa dynastie, et une fois de plus un grand silence s'installa dans la maison, indiqué par le claquement occasionnel d'une cendre sur l'aile. Par intervalles, la malade poussait un soupir tremblant et rencontrait le regard de Marie avec un air d'appel, comme si elle reconnaissait en sa présence une sorte de sympathie protectrice ; mais elle avait cessé de se plaindre, et le guetteur s'abstenait de toute démonstration active. Dans le globe près du miroir, le gaz brillait vivement, et cela, joint à la chaleur du feu, remplissait la pièce d'un rayonnement humide, sur lequel la ligne étroite de l'aube au-dessus du rebord de la fenêtre se dessinait lentement. L'arrivée était attendue depuis longtemps, lorsque des pas brusques sur le trottoir frappèrent l'oreille de Mary et, oubliant que Kincaid avait sa propre clé, elle se leva d'un bond pour le laisser entrer. La porte du hall s'ouvrit en arrière et elle s'arrêta, la main sur le mur. rampes. Il s'avança rapidement et la dépassa en la saluant précipitamment dans l'escalier.

Il n'y avait cependant aucune anxiété visible sur son visage alors qu'il s'approchait du lit. Il y avait simplement une petite inquiétude géniale à voir. Ses questions étaient posées de manière encourageante ; lorsqu'une réponse était donnée, il écoutait avec un air de confiance confirmée.

« Suis-je très malade ? Elle haleta.

"Tu *te sens* très malade, j'ose dire, ma chérie; mais ne te persuade pas que tu *l'es* , ou ce sera un vrai problème!"

Ses doigts étaient sur son pouls et il souriait en parlant. Pourtant, il savait que sa vie était en danger. Le jeu le plus digne se joue là où il n'y a pas d'applaudissements : c'est le jeu d'un médecin intelligent dans une chambre de malade.

Mary se tenait sur le seuil et le regardait.

"Qui a mis cet entonnoir sur la bouilloire ?" » demanda-t-il sans se retourner. Il n'avait pas semblé s'en apercevoir.

"Je l'ai fait", répondit-elle. "Dois-je l'enlever ?"

"Non."

Il lui fit signe de descendre et, après quelques minutes, la suivit dans le salon
.

"Donnez-moi une plume et de l'encre, Miss Brettan , s'il vous plaît."

"Je les ai préparés pour vous", dit-elle.

Il écrivit à la hâte et se leva avec l'ordonnance tendue.

"Où est Ellen ?"

"Ici, j'attends de le prendre."

Une trace de surprise lui échappa. Il dit sèchement :

"Tu es attentionné. C'est toi qui as mis ce cataplasme ?"

Son ton était aussi distant que le sien.

"Nous avons fait tout ce que nous pouvions avant votre arrivée ; *j'ai* mis le
cataplasme. Ai-je bien fait ?"

"Tout à fait vrai. J'ai demandé à cause de la façon dont c'était mis."

Avec cette expression d' approbation , il la quitta et retourna auprès de sa
mère. Marie, ne pouvant achever sa toilette, ne sachant de minute en minute
quand elle pourrait être appelée, s'occupa de redresser le désordre de la
chambre. Elle avait enfilé une robe du matin ample en cachemire, l'une des
premières choses qu'elle avait confectionnées après son installation ici. Un
instant; elle s'était arrachée pour tremper son visage dans l'eau, mais elle
n'avait pas pu faire grand-chose à ses cheveux, dont la boucle conservait
encore une grande partie des cheveux épars ; douceur de la nuit, et après
qu'Ellen soit revenue de la pharmacie, elle l'envoya en chercher à l'étage ;
épingles à cheveux. Elle se tenait près du foyer, devant le miroir, secouant la
masse de cheveux qui lui entourait les épaules, puis, les bras levés, les
enroulait adroitement sur sa tête. La féminité souple de l'attitude, si
évocatrice d'un lever récent, s'harmonisait avec la précocité du soleil qui
teintait le salon ; et quand Kincaid rentra et la trouva ainsi, il ne put
s'empêcher d'être sensible à cette impression, bien qu'il fût indisposé à s'y
attarder.

Elle regarda autour d'elle rapidement :

"Comment va Mme Kincaid, docteur ?"

"Je suis très inquiet à son sujet. Je retourne à l'hôpital maintenant pour
organiser mon séjour ici."

"À votre avis, qu'est-ce qui a causé cela ?"

"J'ai bien peur qu'elle ait eu froid et humide dans le jardin dimanche."

"Et c'est allé jusqu'aux poumons ?"

"Cela a touché le poumon gauche, oui."

Elle laissa tomber la dernière épingle à cheveux et, tandis qu'elle se penchait vers elle, le tourbillon de la robe montrait un cou-de-pied nu.

"Je peux l'aider à l'allaiter, à moins que tu ne préfères envoyer quelqu'un d'autre ?"

« Vous vous en sortirez très bien, je pense », dit-il ; et il se mit à lui donner quelques instructions.

Elle exécuta ces instructions avec une capacité qu'il trouva étonnante. Avant la fin de la journée, il s'aperçut que, quelle que soit sa formation, il possédait en elle une coadjutrice sûre et adroite. Pour elle, elle était de nouveau dans sa province natale, mais pour lui, c'était comme si elle était devenue soudainement volubile dans une langue étrangère. Il n'avait aucune envie de méditer sur son talent – méditer sur elle était la dernière chose qu'il désirait maintenant – mais il y avait des moments où l'accomplissement de certains devoirs fournissait malgré tout une matière fraîche à l'émerveillement, et il remarquait sa dextérité avec des yeux curieux. Il s'était toutefois abstenu de tout autre éloge. La gratitude qu'il aurait pu exprimer fut freinée par la distance de son attitude ; et, dans l'association plus étroite consécutive à la maladie, la formalité qui était née entre eux ne souffrit pas de diminution. C'est en effet devenu permanent dans ce contact, que tous deux auraient évité.

Après la seule scène où elle lui avait laissé le choix, elle ne lui avait laissé aucune chance de reprendre leurs relations antérieures s'il le souhaitait, et la politesse étudiée de son adresse était un rappel persistant qu'elle s'adressait à lui en sa qualité médicale. seul. Elle estimait que les conditions actuelles étaient les moins exigeantes possibles, car le déplaisir d'un nouveau rapport sexuel ne devait pas être complètement évité ; mais elle ne l'exonérait en aucune manière de les avoir imposées, et elle estimait qu'en le faisant, il lui avait fait une récompense singulièrement disgracieuse pour l'humiliation de son aveu. Elle maintint la note qu'il avait frappée ; la clé lui était à un degré qui lui convenait. Mais elle en était irritée lorsqu'elle était d'accord, et plus encore qu'à son jugement, son acquiescement était imputable à son orgueil.

Le lendemain, la douleur réapparut, mais elle s'apaisa le mercredi, bien que la température restât élevée. Mary vit que son anxiété était, au contraire, plus vive qu'elle ne l'avait été, et peu à peu une admiration latente commença à se mêler à son amertume. Dans l'atmosphère de l'infirmerie, l'homme et la femme étaient également nouveaux l'un pour l'autre et, jusqu'à un certain point, il la surprenait autant qu'elle l'était pour lui. Elle le voyait maintenant professionnellement pour la première fois, et elle reconnaissait ses ressources, sa rapidité , avec une appréciation vivifiée par l'expérience. Le visiteur qu'elle avait connu allongé, flottant et bavard, dans un fauteuil, avait disparu ; la suppliante d'une tendresse qu'elle ne sentait pas était devenue une autorité à laquelle elle obéissait. Ici, ainsi, l'homme était une puissance, et le changement en lui avait son expression physique. Sa silhouette était musclée, ses mouvements avaient une résolution et une vigueur qui lui donnaient une autre personnalité. Il l'a même légèrement impressionnée. Elle pensait qu'il devait paraître plus magistral aux yeux du monde entier dans l'exercice de sa profession, mais elle pensait aussi que tout le monde approuverait la différence.

La confiance qu'il lui inspirait était si forte que jeudi, lorsqu'il lui annonça qu'il avait l'intention d'avoir une consultation, elle l'entendit avec un choc.

"Tu penses que c'est conseillé ?"

"Je crains le pire, Miss Brettan ; je ne peux négliger aucune chance."

Elle avait quelques violettes à la main – c'était sa coutume d'égayer le plus possible la vue depuis son lit chaque matin – et soudain leur parfum devint très fort.

"Le pire?"

"Dieu veuille que mon opinion soit fausse !" il a dit. "Voulez-vous demander à la fille de prendre le fil pour moi ?"

C'était à un médecin du chef-lieu qu'il avait décidé de télégraphier, dont le prestige s'élargissait peu à peu et dont la réputation s'était bâtie sur quelque chose de plus fiable qu'une convocation fortuite sur le divan d'un notable. Mary avait déjà entendu ce nom et elle s'efforçait de se persuader que sa vision de l'affaire pourrait s'avérer plus prometteuse. La journée qui s'était si sombrement ouverte offrait cependant, pendant les heures qui suivirent, une petite nourriture pour la foi. Vers midi, la malade devint brusquement agitée et il fallut les efforts conjugués du médecin et de l'infirmière pour la calmer. Elle était animée d'un désir passionné de se lever et demandait pitoyablement la permission. « Marcher un peu » était son seul appel, et l'ardeur de la supplication était rendue plus pathétique par sa conviction évidente qu'ils refusaient parce qu'ils ne comprenaient pas la violence du désir. Elle s'efforça, avec une énergie défaillante, de le faire savoir et, finissant par y renoncer, elle se laissa tomber avec un regard qui était une lamentation de son impuissance. Plus tard, elle délire légèrement et divague en phrases confuses sur son fils et son compagnon – sa cour et l'indifférence de Mary. L'homme et la femme étaient assis de chaque côté d'elle, mais leurs regards ne se croisaient plus. À la première allusion à son attachement, Mary avait sursauté douloureusement, mais maintenant, grâce à un effort intense, sa nervosité avait été supprimée, et de temps en temps, elle bougeait pour essuyer les lèvres et le front fiévreux avec un semblant de maîtrise de soi. À mesure que le jour baissait, les phrases décousues devenaient plus rares. Kincaid est tombé. À l'exception de la respiration profonde, le silence retomba, jusqu'à ce que, alors que le crépuscule approchait, les mots soudains « Je me sens beaucoup mieux » soient prononcés sur un ton de tranquillité retrouvée . Se retournant rapidement, Mary vit que ses oreilles ne l'avaient pas trompée. L'assurance fut répétée avec un faible sourire ; les traits avaient gagné une touche de gaieté qui avait été si remarquable dans la voix. Peu de temps après, les yeux se fermèrent dans ce qui semblait être un sommeil.

Kincaid allait et venait dans le salon , les bras croisés sur la poitrine. Alors que Mary entra en courant, sa tête se leva brusquement.

« Elle se sent beaucoup mieux, s'écria-t-elle ; "elle s'est endormie !"

Il resta là, sans parler, et elle recula avec un cri étouffé.

"Oh ! Je ne savais pas.... C'est ça ? ".

"Oui," dit-il, à peine au-dessus d'un murmure. Et elle comprit que ce qu'elle lui avait dit était le présage de la mort.

Après cela, tous deux savaient que ce n'était qu'une question de temps. L'arrivée du médecin ne fit que confirmer le découragement. Il déclara que l'affaire était désespérée et accepta à contrecœur une somme pour couvrir les frais du voyage.

"J'aurais aimé que nous puissions nous rencontrer dans des circonstances plus heureuses", a-t-il déclaré... "Vous avez le réconfort de savoir que vous avez fait tout ce qui pouvait être fait."

Un page avec un message d'enquête monta les marches alors qu'il partait ; de tels messages étaient délivrés quotidiennement. Mais samedi, lorsque le boulanger apporta le pain à Laburnum Lodge, il trouva les stores baissés ; et quelques minutes après avoir remis le pain au serviteur en pleurs à travers la fenêtre de l'arrière-cuisine, la nouvelle circulait à Westport que Mme Kincaid était morte inconsciente à sept heures du matin.

Tandis que le boulanger tirait cette information de la femme de chambre, Mary était derrière les stores baissés du premier étage, en train de pleurer. Elle venait de descendre de sa chambre ; voyant à quel point Kincaid était profondément affecté, elle s'y était retirée peu après la fin. Il n'avait pas versé de larmes, mais le fait qu'il était fortement ému était évident aux muscles de sa bouche ; et le visage frémissant qu'elle avait entrevu lui revenait avec vivacité.

Il est entré alors qu'elle était assise là. Il était très pâle, mais son visage était à nouveau sous contrôle.

Elle se leva et s'avança vers lui d'un air indécis. "Je suis vraiment désolé ! Elle était une amie très gentille pour moi."

Il tendit la main. Pour la première fois depuis qu'elle l'avait rencontré après avoir posté le message, le sien gisait dedans.

"Merci", dit-il. " Merci aussi pour tout ce que vous avez fait pour elle ; je m'en souviendrai toujours avec gratitude, Miss Brettan . "

Il semblait sur le point d'ajouter quelque chose, mais il se retint. Il fit alors allusion aux dispositions à prendre. Cette nuit-là, il réoccupa ses quartiers à l'hôpital et, sauf quelques minutes impaires, elle ne le revit plus pendant la journée. Elle trouva cependant l'espace pour mentionner qu'elle avait l'intention de rester jusqu'aux funérailles, et il s'inclina devant cette annonce, bien qu'il s'abstienne de toute enquête quant à ses projets par la suite. « Plans », en effet, aurait été un terme curieux et impropre pour désigner les pensées de son cerveau. La question qu'elle avait soulevée plus tôt avait été effectivement réglée par la mort ; maintenant que toute possibilité que Mme Kincaid la recommande ait été supprimée, sa situation critique n'admettait plus que des conjectures.

Dans sa solitude dans la maison de deuil, ininterrompue sauf des interruptions qui soulignaient le drame, ou quelque colloque avec la servante aux yeux rouges, elle passait ses heures léthargique et lasse. La semaine de suspense et de repos insuffisant l'avait épuisée, et elle ne cherchait même plus à réfléchir. Son esprit dérivait. Une idée qui lui vint fut qu'il serait délicieux d'être allongée dans un champ de maïs sous un soleil brûlant, avec une voûte bleue au-dessus d'elle. L'image était plus présente que sa pensée des horreurs imminentes de Londres.

Combien la semaine avait duré ! quels changements il avait vu ! Le lendemain soir, elle réfléchit à cela, écoutant les cloches de l'église et se rappelant qu'il y a un dimanche, la morte était à côté d'elle. Dimanche dernier, il y avait encore une perspective que Westport continue d'être sa maison pendant des années. Dimanche dernier, dans le cimetière, elle avait avoué son passé. Une semaine seulement, comme c'est chargé, comme c'est difficile à réaliser ! Elle était à moitié somnolente lorsqu'elle entendit la porte du couloir se déverrouiller, et Kincaid la salua alors qu'elle se réveillait.

"Est-ce que je t'ai dérangé ? Tu dormais ?"

"Non, je pensais, c'est tout."

Il soupira et se laissa tomber sur la chaise d'en face. Elle remarqua son air harcelé et le plaignit. Le dimanche précédent, elle n'avait ressenti aucune pitié. Elle comprenait la perte de sa mère ; la perte de sa foi représentait bien moins pour elle, c'était une foi à laquelle elle personnellement accordait peu d'importance.

"Il y a plein de choses à penser !" dit-il avec lassitude.

"Vous n'avez pas vu Ellen, docteur, n'est-ce pas ? Elle vous a demandé."

« Vraiment ? Que veut-elle ?

"Elle a hâte de savoir combien de temps elle sera gardée. Sa sœur est en service quelque part et la famille veut une femme de chambre le premier du mois. Je suis désolé de vous déranger avec des bagatelles maintenant, mais elle m'a demandé de lui parler. toi."

"Je dois lui parler. Bien sûr , la maison sera vendue ; il n'y a personne pour la garder... Comme tu as l'air pédé ! est-ce que tu prends encore bien soin de toi ?"

"Oh oui, c'est juste la réaction, rien que ce qui va bientôt passer."

"Vous n'avez pas eu le soulagement que vous auriez dû avoir ; vous avez travaillé comme deux femmes."

Il s'arrêta et son regard se posa sur elle d'un air interrogateur. Elle lut la question avec une telle clarté que, lorsqu'il parla, les mots semblaient n'être qu'un écho de la pause.

"Comment en savais-tu autant ?" Il a demandé.

"Après avoir perdu mon père, j'ai été infirmière à l' hôpital Yaughton pendant quelques années."

La réponse était directe, mais brève. Une demi-douzaine de questions lui vinrent aux lèvres et furent à leur tour réprimées. Son passé était le sien ; il limita ses recherches à son avenir.

"Et que veux-tu faire maintenant ?"

"Je vais à Londres."

"Prévoyez-vous rencontrer des difficultés pour reprendre votre activité d'infirmière ?"

"Je pense que vous savez qu'il y *avait* des difficultés sur le chemin."

« Je ne souhaite pas forcer votre confiance... » dit-il avec une note interrogative dans la voix.

"Je n'ai pas mon certificat."

"Vous pouvez vous référer à la Matrone."

"Je sais que je peux ; je ne le ferai pas. Je vous ai dit il y a deux ans qu'il y avait des personnes à qui je pouvais me référer, mais je ne le ferais pas."

« Puis-je vous demander pourquoi vous devriez avoir une objection à faire référence à celui-ci ?

Elle était silencieuse.

"Tu ne veux pas me le dire ?"

"Je pense que tu comprendras peut-être," dit-elle d'une voix très basse. "J'y suis allée après la mort de mon père. Je ne suis pas la femme qui a quitté l' hôpital Yaughton ."

Ses yeux tombèrent et il regarda distraitement la grille. Lorsqu'il les releva , il vit que les siennes s'étaient fermées. Il la regarda longuement jusqu'à ce qu'ils s'ouvrent.

"Maintenant qu'elle *est* partie," s'exclama-t-il d'une voix chancelante, "votre situation n'est pas si facile ! Avez-vous une perspective dont vous ne parlez pas ?"

Elle secoua la tête.

"Eh bien, y a-t-il quelque chose que vous puissiez suggérer ?" Il a demandé. " Y a-t-il un moyen de sortir de la difficulté qui vous vient à l'esprit ? Croyez-moi... "

"Non," dit-elle, "je ne vois rien de praticable; je…"

"Voudriez-vous venir faire partie du personnel infirmier ici ? Nous manquons de personnel pour le travail de nuit. C'est une ouverture, et cela pourrait déboucher sur un engagement permanent."

Son cœur se mit à battre rapidement ; pendant un instant, elle ne répondit pas.

"C'est très prévenant de votre part, très généreux ; mais j'ai peur que cela ne suffise pas."

"Pourquoi pas?"

"Cela ne suffirait pas, parce que... eh bien, j'aurais dû quitter Westport de toute façon."

"Tu voulais le faire, je sais. Mais entre la façon dont tu aurais quitté Westport si ma mère avait vécu, et la façon dont tu le quitterais maintenant, il y a une grande différence."

"Il faut quand même que je le quitte."

"Pardonnez-moi", dit-il, "je ne peux pas vous permettre de le faire. Je ne laisserais aucune femme sortir dans le monde en sachant qu'elle est partie pour rencontrer une certaine détresse. Votre expérience à l'hôpital semble résoudre le problème. Si vous refusez parce que ce qui s'est passé entre nous vous rend pénible la poursuite de la conversation avec moi, vous n'avez qu'à venir la semaine prochaine. souviens-toi que la conversation entre nous à l'hôpital sera nécessairement la plus brève. Tout ce dont je me souviens, c'est que je t'ai demandé d'être ma femme et que tu ne te soucies pas de moi, je suis l'homme que tu as rejeté. "Je souhaite cependant être quelque chose de plus utile ; je souhaite être votre ami. À l'hôpital, j'aurai peu de chance, car là-bas, à toutes fins utiles, nous serons autant divisés que si vous alliez à Londres. Tandis que le le hasard existe , je veux en profiter, je vous conseille vivement de suivre le cours que je vous propose, cela ne vous empêchera pas de chercher un emploi ailleurs, vous savez ; au contraire, cela vous faciliterait l'obtention d'un tel."

Sa main avait protégé son front pendant qu'elle écoutait ; maintenant, il tombait lentement sur ses genoux.

"Je n'ai pas besoin de vous dire que je suis reconnaissante", dit-elle d'un ton qui avait du mal à être ferme. "N'importe qui serait reconnaissant ; pour moi, l'offre est très—est plus que bonne." Son sang-froid s'est effondré. « Je sais ce que je dois vous paraître : vous n'avez entendu que le pire de ma part ! s'exclama-t-elle.

"Je n'entendrais rien qui puisse vous blesser de dire", répondit-il; et pendant une minute, aucun d'eux n'en dit plus. Il y avait eu dans ses dernières paroles une douceur qui la toucha vivement ; l'appel qu'elle avait lancé lui était parvenu. Ni l'un ni l'autre ne parla, mais le souffle de l'homme s'éleva avec impatience, et ; la tête de la femme tombait de plus en plus bas sur sa poitrine.

"Laissez-moi!" dit-elle enfin dans un murmure que ses pouls se rejoignirent. "C'était là, quand j'étais infirmière. C'était un patient. Avant de partir, il m'a demandé de l'épouser. Quand je suis allé le voir, il m'a dit qu'il était déjà marié. Jusque-là, il n'y avait eu aucune allusion, pas le le moindre soupçon... je suis allée vers lui, au su de tous, pour être sa femme.

"Dieu merci!" dit Kincaid dans sa gorge.

"Elle était... elle était dans la rue ; il ne l'avait pas vue depuis des années. Il m'a prié, m'a imploré... Oh, j'essaie de m'exonérer ! Moi-même, je n'essaie pas de rejeter le péché sur moi. à lui, mais si le véritable dévouement de sa vie peut me plaider pour une femme, Dieu sait que ce plaidoyer était le mien ! »

"Et au bout de trois ans ?"

"On a appris sa mort et il a épousé quelqu'un d'autre."

Elle se leva brusquement et se dirigea vers la fenêtre, regardant derrière le store.

"Je ne peux pas te dire ce que je ressens pour toi," dit-il d'une voix rauque. "Je ne peux pas vous donner une idée à quel point je sympathise sincèrement !"

« Ne dis rien, murmura-t-elle ; "Vous n'avez pas besoin d'essayer ; je pense que je comprends ce soir : vous avez prouvé votre sympathie alors que j'en avais le moindre droit."

"Et tu me laisseras t'aider ?"

La silhouette élancée restait immobile ; derrière elle, l'homme agrippait le cuir de sa chaise.

« Si je peux, » dit-elle avec contrainte, « si je peux y aller comme… comme toi… Ah, si tout le passé pouvait être enterré et qu'il n'était pas nécessaire qu'il y ait un quelconque rappel de ce qui a été ?

"Je serai tout ce que tu souhaites, tout ce que tu veux que je paraisse !"

Il fit un pas brusque vers elle. Elle se tourna, les yeux humides de larmes, avec reconnaissance – avec supplication. Il s'arrêta net, recula et reprit sa place.

"Maintenant, qu'est-ce que tu disais à propos d'Ellen ?" » demanda-t-il brièvement.

Et c'était peut-être l'aveu le plus éloquent qu'il lui ait jamais fait de son amour.

CHAPITRE XII

Il se trouve donc que Mary Brettan ne quitte pas Westport la semaine suivante. Et après quelques mois, elle doutait plus que jamais si elle allait vraiment le quitter. Le poste vacant proposé au sein du personnel permanent s'était produit avant cette date et, une fois le poste accepté, il ne semblait y avoir aucune raison d'apaiser l'inquiétude en démissionnant.

Au début, la reprise de la routine après des années d'indolence était pénible et épuisante. Le lever de six heures, les devoirs actifs commençant alors qu'elle se sentait encore fatiguée, l'absence de quelque chose qui ressemble à de l'intimité, sauf dans les deux heures allouées à chaque infirmière pour ses loisirs, tout cela l'inquiétait. Même le soulagement qu'elle éprouvait de sa fuite en plein air était atténué par le fait de savoir que l'exercice en plein air pendant une heure était obligatoire. Et puis il était inévitable qu'un costume porté une fois de plus lui rappelât les émotions avec lesquelles elle avait quitté son dernier ; Inévitablement qu'elle se demande ce que les années lui avaient fait depuis la dernière fois, elle se tenait dans un hôpital et lui faisait ses adieux avec la conviction qu'elle n'y entrerait plus jamais. L'échec de l'intervalle s'est accentué. Son cœur s'était serré lorsque, dirigée vers l'étrange appartement au-dessus des salles, elle aperçut la robe imprimée fournie pour son usage, mollement posée sur une chaise. Un sentiment de désespoir indicible remplit son âme alors qu'elle commençait à l'enfiler, elle observait son reflet dans le verre étroit. Pourtant, elle s'habitua au changement, et d'autant plus facilement qu'il s'agissait d'un renouveau.

La rapidité avec laquelle le sentiment de nouveauté s'estompait l'étonnait en effet. D'abord consternant, et un fardeau continu pour lequel elle se plaignait chaque jour, c'était ensuite comme si elle l'avait perdu une nuit dans son sommeil. Elle l'avait oublié jusqu'à ce que la légèreté avec laquelle elle accomplissait le travail la surprit rapidement. Petit à petit, une certaine jouissance se faisait même sentir. Elle envisageait avec intérêt une tâche imminente . Elle se promena avec enthousiasme en guise de soulagement. Elle est revenue aux portes exaltée plutôt que déprimée. La bohème, la compagne, était redevenue infirmière malade, et parce que le premier sillon de la vie est celui qui coupe les lignes les plus profondes, son existence roulait avec douceur le long de l'ornière retrouvée. Les scènes entre lesquelles il se trouvait n'étaient pas belles, mais elles étaient familières ; la vue qu'il offrait était monotone, mais elle ne cherchait plus à voyager.

Socialement, les conditions avaient été favorisées par son introduction. La position qu'elle avait occupée à Laburnum Lodge lui donnait une valeur factice et lui valait l'amitié de la matrone, une fonctionnaire qui a le pouvoir de mettre nettement mal à l'aise l'infirmière de l'hôpital, et qui a parfois été vue pour l'utiliser. Il la recommandait également aux autres infirmières, dont deux étaient des dames, dans la mesure où il promettait une agréable variété dans la conversation dans le salon. Elle n'était en aucun cas inconsciente de l'étendue de sa dette envers Kincaid, et sa gratitude au fil du temps augmentait plutôt que diminuait. Certes, l'environnement était propice à la perception de ses mérites, plus propice même que ne l'avait été la période de sa visite médicale à la villa. Le roi n'est nulle part aussi attirant qu'à sa cour ; le prédicateur n'est nulle part aussi impressionnant qu'en chaire. À terre, le capitaine nous ennuie peut-être, mais nous aimons tous fumer nos cigares avec lui sur son navire. Le prétendant le plus pauvre prend de l'importance dans le cercle de ses partisans et pose avec autorité sur quelque petite estrade, ne serait-ce que le foyer de sa mère. Ici, où le docteur était l'esprit directeur et où Marie trouvait ses louanges dans toutes les langues, l'éclat de la gratitude était attisé par le souffle de la popularité. S'il avait délibérément envisagé un moyen de s'élever dans son estime, il n'aurait pu en trouver de meilleur que celui de la placer dans le royaume miniature où il régnait. En se rappelant qu'il avait voulu l'épouser, elle ressentit un jour un frémissement d'orgueil : rien qui ressemble à du regret, rien qui ressemble à de l'arrogance, mais un orgueil momentané. Elle se sentit plus digne à ce moment-là.

Cependant, s'il s'en souvenait aussi, aucun mot de ce qu'il prononçait ne témoignait d'un tel souvenir. La promesse qu'il lui avait faite avait été tenue à la lettre, et le passé n'était jamais évoqué entre eux. En tant que médecin et infirmière, leurs colloques étaient brefs et pratiques. C'est l' attitude qu'il adopta à son égard dès le jour de son intronisation qui ajouta le premier carburant à sa reconnaissance ; et si, du reste, elle était encline à revoir sa générosité plutôt qu'à la considérer, c'était parce qu'il avait établi les relations désirées sur des bases si solides qu'elle avait cessé de croire que la poursuite de celle-ci lui coûtait quelque peine. Qu'elle avait tenu son amour après l'histoire de sa honte, elle en était consciente ; mais elle ne supposait pas un instant qu'à la réflexion il pouvait encore la vouloir pour femme ; et elle pensait souvent que peu à peu son attitude était devenue celle qui lui était la plus naturelle.

Par quel déni de la nature, par quelle rigidité de retenue l'idée avait-elle été véhiculée, personne d'autre que l'homme lui-même n'aurait pu le dire. Personne d'autre ne connaissait l'amertume des souffrances endurées pour lui donner le sentiment de son droit de rester ; quelles impulsions avaient été contenues et réprimées, pour qu'aucun scrupule ni inquiétude ne puisse troubler sa paix. Les circonstances dans lesquelles ils se rencontrèrent l'aidèrent beaucoup, lui ou lui ; aurait échoué, malgré ses efforts ; et échouer, il comprenait, ce serait se montrer indigne de sa confiance – ce serait la voir sortir de sa vie pour toujours . Tu la veux toujours ? Il la voulait si intensément, si dévotement, que, assombrie par le péché comme elle l'était, elle était pour lui plus sainte que toute autre femme sur terre - plus belle que tout autre don accordé par Dieu. Il l'aurait prise dans son cœur avec un respect aussi profond que si aucune honte ne l'avait jamais touchée. Si le monde entier avait été conscient de sa disgrâce, il aurait triomphé en criant « Ma femme ! » dans les oreilles ; de tout le monde. Un amour plus bas pourrait bien avoir ; j'avais soif d'elle aussi, mais il aurait eu ses heures d'hésitation. Kincaid n'en avait pas. Aucun flot de passion n'a aveuglé son jugement supérieur et ne l'a poussé à avancer ; aucun scrupule de convention n'est intervenu et ne l'a fait réfléchir. C'est avec son jugement supérieur qu'il a prié pour elle. Son amour brûlait de façon constante, clairement. Il ne manquait à la situation qu'un élément essentiel à l'idéal : l'amour du pénitent qu'il désirait élever. Le complément manquait. La femme déchue qui avait avoué sa culpabilité, le dévouement de l'homme qui avait résisté à l'épreuve, tout cela était là. Mais le dévouement n'a pas été rendu, la constance n'a pas été souhaitée. Il ne pouvait qu'attendre et essayer d'espérer ; se demandant si sa tendresse finirait par se réveiller, se demandant comment il l'apprendrait si c'était le cas.

Manquer à sa parole en plaidant à nouveau était une chose qu'il ne pouvait faire qu'en croyant qu'elle l'écouterait avec bonheur. S'il lisait mal ses pensées et parlait trop tôt, non seulement il commettait un tort, mais il détruisait le lien ténu qui les unissait, car il lui rendait impossible de rester. Et pourtant, comment deviner ? comment, sans parler, s'assurer ? Que pouvait-on retenir des yeux gris profonds, du visage sérieux, de la silhouette en robe mince, alors qu'il se tenait parfois à côté d'elle, gardant chacun de ses regards et écoutant sa voix ? Comment pouvait-il savoir si elle tenait à lui à moins qu'il ne le lui demande ? comment pouvait-il lui demander à moins d'avoir des raisons de supposer qu'elle le faisait ? La nature de leur association lui semblait imposer entre eux une barrière infranchissable ; dans un langage plus libre, un rayon de vérité pourrait être perceptible. Alors qu'elle était ici depuis un an , il résolut d'avoir l'occasion de lui parler seul. Il parlerait, sinon sur les sujets les plus proches de lui, du moins sur des sujets moins formels que ceux auxquels se limitait leur conversation dans la salle !

Mais une telle opportunité ne lui échappait pas. Il était difficile de l'accomplir sans se trahir, et, vu les difficultés présentes, il paraissait avoir eu tant d'avantages auparavant, qu'il s'étonnait de les avoir si peu exploités. Leur connaissance à la villa du vivant de sa mère lui paraissait, en comparaison, lui avoir procuré toutes les facilités qui lui étaient refusées aujourd'hui, et il se souvenait souvent de cette période avec un regret passionné ; il pensait qu'il ne l'avait jamais apprécié à sa valeur, même s'il n'en avait seulement pas profité. La villa était désormais occupée par une dame avec deux enfants ; et Mary le passait souvent, se rappelant aussi cette époque, quoique avec une mélancolie plus vague que la sienne. Un matin, sur son passage, la porte était ouverte, les enfants sortaient, et elle aperçut le couloir.

Ils descendirent les marches, portant des pelles et des seaux, en direction de la plage, comme elle. L'aînée d'entre eux pouvait avoir neuf ans, et, appartenant à la maison familière, ils avaient pour elle un intérêt un peu triste. Elle se demandait, tandis qu'ils la précédaient sur le trottoir, dans laquelle des chambres ils dormaient, et si les différents meubles en avaient beaucoup altéré l'aspect. Elle pensa qu'elle aimerait leur parler une fois les sables atteints, et... Puis elle vit Seaton Carew ! Son cœur se serra dans sa gorge. Son regard était rivé sur lui ; elle ne pouvait pas le retirer. Ils avançaient l'un vers l'autre ; il la regardait. Elle vit une reconnaissance apparaître sur ses traits et tourna la tête. Les gens à droite et à gauche vacillèrent un peu – et elle l'avait dépassé. Cela n'avait pris que quinze secondes, mais elle ne se souvenait pas de ce à quoi elle avait pensé lorsqu'elle l'avait vu. Les quinze secondes lui avaient réservé plus d'émotion que les douze derniers mois.

Ses genoux tremblaient. Elle supposait qu'il devait être au théâtre cette semaine. Mais lorsqu'elle aperçut une affiche devant chez le vendeur de musique, elle eut peur de l'examiner, de peur qu'il ne la suive des yeux. Elle continua son chemin avec enthousiasme. Elle était remplie d'une exaltation tremblante, qu'elle ne se souciait ni de définir ni d'avouer. Elle pensa qu'elle avait quitté l'hôpital quelques minutes plus tôt que d'habitude et que sinon il lui aurait peut-être manqué. "Manqué" fut le mot de sa réflexion. Elle se demandait où il logeait, dans quelles rues se trouvaient les logements professionnels. Elle se sentit soudain étrange en ville de ne pas savoir. Elle était ici depuis trois ans, et elle ne savait pas – comme c'était étrange ! En tournant au coin de la rue , elle aperçut une autre publicité du théâtre, cette fois sur un panneau publicitaire. C'était lundi, et le papier était encore luisant de la colle de l'autocollant. Elle fut cachée à l'observation et s'arrêta un instant, dévorant le casting d'un rapide coup d'œil. Le nom de sa femme n'apparaissait pas, il ne s'agissait donc pas de leur propre entreprise. Elle se dépêcha de repartir. Sa vue avait agi sur elle comme un puissant stimulant. Sans savoir pourquoi, elle était aux anges. L'air était plus doux, la vie plus vive ; elle avait soif d'atteindre le rivage et, dans son endroit favori , de s'abandonner entièrement à la sensation.

Et comme il avait peu changé ! Il semblait avoir à peine changé. Il avait exactement le même aspect qu'avant, même s'il avait dû traverser beaucoup de choses depuis la nuit où ils se sont séparés. Ah, comment pouvait-elle oublier cette séparation – comment permettre que les flammes de celle-ci s'éteignent ? C'était pitoyable qu'en ressentant les choses si intensément lorsqu'elles se produisaient, on ne puisse pas maintenir cette intensité vivante. Le gaspillage ! La puérilité d'aimer ou de haïr, de pleurer ou de se réjouir si violemment dans la vie, quand le passage du temps, l'interposition d'incidents sans importance, terniraient la passion qui absorbait tout dans une expérience qu'on évoquait !

Elle se laissa tomber sur un banc sur la pente d'herbe déchiquetée qui se fondait dans les bardeaux et le sable. La mer, vague et tranquille, gisait comme une nappe d'huile, voilée de brume, à l'exception d'une tache lumineuse à l'horizon où elle frémissait lumineusement. Elle tourna les yeux vers la mer et vit le passé. Sa voix frappa son âme avant qu'elle n'entende ses pas. "Marie!" » dit-il, et elle sut qu'il l'avait suivie.

Elle ne parlait pas, elle ne bougeait pas. Le sang monta à ses tempes et laissa son corps froid. Elle a lutté pour se maîtriser ; pour sa capacité à dissimuler son agitation ; pour le pouvoir qu'elle aspirait à rassembler pour le ravager avec le mépris qu'elle avait envie de ressentir.

"Tu ne veux pas me parler ?" il a dit. Il s'approcha d'elle et resta là, la regardant. "Tu ne veux pas parler ?" répéta-t-il : « un mot ?

"Je n'ai rien à te dire", murmura-t-elle. "J'espérais ne plus jamais te revoir ."

Il attendit maladroitement, frappant le sol avec la pointe de sa botte, son regard errant d'elle à l'océan – de l'océan à elle.

« J'ai souvent pensé à toi, » dit-il enfin d'un ton saccadé. "Tu crois ça ?"

Elle garda le silence, puis fit mine de se lever.

"Crois-tu que j'ai pensé à toi ?" » demanda-t-il rapidement. "Réponds-moi!"

« Que vous y ayez pensé ou non n'a aucune importance pour moi. J'ose dire que vous avez eu honte en vous souvenant de votre disgrâce, qu'en est-il ?

"Oui," dit-il, "j'ai eu honte. Tu as toujours été trop bien pour moi; je n'aurais jamais dû avoir quoi que ce soit à faire avec une femme comme toi."

Elle ne s'était pas levée ; elle était toujours dans la position où il l'avait surprise ; et elle ressentait maintenant une sourde douleur devant le caractère inattendu de sa conclusion.

"Pourquoi m'as-tu suivi ?" dit-elle froidement. "Pourquoi?"

"Pourquoi ? Je ne savais pas que tu étais en ville, je n'en avais aucune idée... et je t'ai vu tout d'un coup. Je voulais te parler."

"Qu'est-ce que tu veux dire ?"

"Marie!"

"Oui, que veux-tu dire ? Je ne suis pas ton ami, je ne suis pas ta connaissance : de quoi as-tu à me parler ?"

"Je voulais dire", balbutia-t-il, "je voulais te demander s'il était possible que... que tu puisses un jour pardonner la façon dont je me suis comporté avec toi."

"Est-ce tout?" » demanda-t-elle d'une voix dure.

"Comme tu as changé !... Oui, je ne sais pas s'il y a autre chose."

Elle ne répondit pas et il la regarda d'un air indécis.

"Peux-tu?"

"Non," dit-elle. "Pourquoi devrais-je te pardonner, parce que le temps a passé ? Est-ce un de tes mérites ? Tu m'as traité brutalement, de façon infâme. Tout ce qu'une femme peut faire pour un homme, je l'ai fait pour toi ; le pire qu'un homme puisse faire pour toi." une femme que vous m'avez faite. Vous me rencontrez par hasard et vous attendez que je vous pardonne ? Vous devez être beaucoup moins avisé du monde qu'il y a trois ans.

Elle se tourna vers lui pour la première fois depuis qu'il l'avait rejoint, et ses yeux tombèrent.

"Je ne m'y attendais pas", a-t-il déclaré ; "J'ai seulement demandé. Alors tu es à nouveau infirmière, hein ?"

"Oui."

Il poussa un soupir d'impatience, un soupir d'homme ; qui se rend compte de la discordance de la vie et s'y résigne imparfaitement.

"Nous sommes tous les deux ce que nous étions, et nous sommes tous les deux plus âgés. Eh bien, je suis la pire des deux, si cela peut vous consoler. Une femme a toujours l'opportunité de prendre un nouveau départ."

Elle retint la réplique qui lui venait aux lèvres, désireuse de glaner quelque connaissance de ses affaires, même si elle ne pouvait se résoudre à poser une question ; et au bout d'un moment elle reprit avec indifférence :

"Tu as eu l'opportunité que tu attendais tant. J'ai compris que ton mariage était tout ce qui était nécessaire pour t'emmener à Londres."

« J'étais à Londres, tu n'as pas entendu ? Il a été surpris par le naturel, l'étonnement naïf de l'acteur lorsqu'il découvre que ses mouvements sont inconnus de tous. "Nous avons eu une saison au Boudoir et l'avons ouverte avec *The Cast of the Die* . C'était un gel, puis nous avons mis un morceau de Sargent. Cela aurait pu être un succès s'il y avait eu assez d'argent pour courir à perte pendant quelques semaines, mais il n'y en a pas eu. L'erreur a été de ne pas avoir ouvert avec, à la place. Et le capital était tout à fait trop petit pour un spectacle à Londres, les ex étaient horribles ! Il aurait été préférable de "Je me serais contenté de la gestion des provinces si l'on avait su comment les choses allaient se passer. Maintenant, ce sont les provinces sous la direction de quelqu'un d'autre. Je suppose que vous pensez que j'ai été bien servi ?"

"Je ne vois pas que ta situation soit pire qu'avant."

"N'est-ce pas ? Vous n'avez aucun intérêt à voir. Ma situation est bien pire, car j'ai une femme et un enfant à garder."

"Un enfant ! Vous avez un enfant ?" dit-elle.

"Un garçon. Mais je ne m'en plains pas ; j'aime ce gamin, même si j'ose dire que tu penses que je ne peux aimer personne. Mais... Oh, je ne sais pas pourquoi je je vous en parle, qu'importe ! »

Ils restèrent silencieux. Le soleil, disque dans le ciel gris, maculait la vapeur d'une tige de rose pâle, et sur l' eau celle-ci était glorifiée et enrichie, de sorte que la tache à l'horizon était devenue d'un rouge profond. Plus près de la terre, la mer, voluptueusement immobile et par comparaison incolore , avait encore un peu de la translucidité d'une opale, mille subtilités de teintes insaisissables qui brillaient entre les stries d'obscurité projetées du ciel sur sa surface. Une fine bordure d'écume se déroulait rêveusement le long du rivage. Une barque traversait noirement le lointain cramoisi, se glissant dans l'obscurité où le ciel et la mer ne faisaient qu'un. À leur droite, la forme sombre d'un lougre de pêche surgissait indistinctement à travers la brume. La langueur de la scène avait, dans la contemplation, quelque chose d'émotionnel, une qualité qui agissait sur les sens comme la musique d'un violon. Elle était émue d'un triste plaisir qu'il soit là – un plaisir dont la mélancolie faisait partie. La joie de l'union la traversait, plus exquise parce qu'elle était inachevée.

« Que je fasse mal ou bien, cela ne vous importe pas », dit-il sombrement. Et la dissonance de la plainte la ramena au bon sens. " Pourtant il n'y a pas longtemps que nous... bon Dieu ! comment les femmes peuvent oublier ; maintenant cela ne vous importe plus ! "

"Pourquoi ça devrait être quelque chose ?" s'exclama-t-elle. « Comment peux-tu oser me rappeler ce que nous étions ? « Oublier » ? — oui, j'ai prié pour oublier ! Oublier que j'ai toujours été assez stupide pour croire en toi ; oublier que j'ai toujours été assez dégradé pour t'aimer. . J'aimerais *pouvoir* l'oublier ; c'est ma punition de m'en souvenir. Non pas parce que j'ai péché - aussi grave soit-il, c'est moins - mais parce que j'ai péché pour *toi* ! Si tout le monde savait ce que j'ai fait, personne ne pourrait me mépriser pour cela. comme je me méprise, ou comprends à quel point je me méprise. La seule personne qui devrait le faire, c'est toi, car tu sais pour quel genre d'homme je l'ai fait !

"J'ai été emporté par une tentation... par une ambition. Vous me faites passer pour aussi vil que si tout cela avait été délibérément planifié. Après votre départ..."

"Après mon départ, vous avez épousé votre directrice. Si vous aviez été amoureux d'elle, même, je pourrais vous trouver des excuses; mais vous ne l'étiez pas, vous n'étiez amoureux que de vous-même. Vous avez abandonné une femme pour de l'argent. Votre "La tentation" était la chose la plus méchante et la plus méprisable à laquelle un homme ait jamais cédé. "L'ambition" ? Dieu sait que je ne me suis jamais tenu entre vous et cela. Votre ambition était la mienne, autant la mienne que la vôtre, quelque chose que nous avons divisé par deux entre nous. Quelqu'un a-t-il autrement je l'avais compris et si bien encouragé ? J'aspirais à votre succès avec autant de ferveur que vous ; s'il était venu, j'aurais eu autant de joie que vous. Quand vous étiez déçu, vers qui vous tourniez-vous pour vous consoler ? Mais je pouvais ne vous donner que de la sympathie ; et *elle* pourrait vous donner du pouvoir. Et tout ce qui m'appartenait *avait* été donné ; vous l'aviez eu. C'était le point principal.

"Traitez-moi de méchant et c'en est fini – ou d'homme ! Les reproches nous aideront-ils tous maintenant ?"

"Ne vous y trompez pas, il y a des hommes nobles dans le monde. Je vous le dis maintenant, car à l'époque je ne dirais rien que vous puissiez considérer comme un appel. Il voulait seulement que cela complète mon indignité - que je supplie à toi de changer d'avis !"

"J'aurais préféré que tu fasses quelque chose plutôt que de partir, et c'est la vérité !"

" *Non* , je suis content d'y être allé... content, content, content ! La chose la plus horrible que je puisse imaginer, c'est d'être resté avec toi après que je t'ai connu pour ce que tu étais. La chose la plus horrible pour toi aussi : savoir que je savais, ma vue serait devenue une malédiction.

« Une erreur, murmura-t-il, une injustice, et tout le reste, tout ce qui a précédé, est effacé ; vous refusez de vous souvenir des années les plus douces de nos deux vies !

Elle le regarda lentement, la tête levée, et pendant quelques secondes chacun se regarda en face et essaya de lire l'histoire de l'intervalle qui s'y trouvait. Oui, il avait changé, après tout. Les yeux étaient plus vieux. Quelque chose avait disparu de lui, quelque chose de vivacité, d'espoir.

« Est-ce que vous me demandez de me souvenir ? dit-elle.

"Vous semblez oublier pourquoi cette injustice a été commise."

"Marie, si tu savais comme je suis malheureuse !"

" Ah, " murmura-t-elle moitié tristement, moitié étonnée, " quel égoïste tu es toujours ! Tu me revois — après notre séparation — et tu commences par parler de toi ! "

Il fit un geste – dramatique parce qu'il exprimait le sentiment qu'il désirait exprimer – et se détourna.

"Puis-je vous interroger ?" » demanda-t-il boiteusement la minute suivante. "Allez-vous répondre?"

"Qu'est-ce que tu veux entendre ?"

"Es-tu à l'hôpital ?"

"Oui."

"Depuis longtemps ? Je veux dire, ça fait longtemps que tu n'es pas venu à Westport ?"

"Je suis ici presque tout le temps."

« Et est-ce que… comment… est-ce confortable ?

" Oh, " dit-elle avec un mouvement qu'elle ne put réprimer, " restons avec vous, s'il faut parler. Vous trouverez cela plus facile. "

"Pourquoi seras-tu si cruel ?" il s'est excalmé. "C'est toi qui es injuste maintenant. Si je suis maladroit, c'est parce que tu es si sec. Tu as tous les droits de ton côté, et j'ai le poids du passé sur moi. Tu m'as demandé pourquoi j'avais parlé. à toi : si tu avais été moins pour moi que tu ne l'étais, si j'avais moins pensé à toi que je ne l'ai fait, je n'aurais pas dû parler. Tu comprendras que la situation est très dure pour moi, je suis tout à fait à l'aise. ta miséricorde, et tu ne m'en montres aucune.

Les mains sur ses genoux tremblèrent un peu, et après une pause elle dit à voix basse :

"Vous attendez de moi plus qu'il n'est possible ; j'ai trop souffert."

"Mon mal a été pire. Ah! ne souris pas comme ça; il a été bien pire! Tu as eu, en tout cas, le réconfort de savoir que tu t'es trompé ; *j'ai* senti tout le temps que mon lit était de ma propre fabrication et que je me suis comporté comme un voyou. Tout ce que je dois endurer, je le mérite, j'en suis tout à fait conscient; mais cette connaissance le rend d'autant plus bestial. Ma vie n'est pas idyllique, Mary; si elle n'étaient pas pour l'enfant... Sur mon âme, les seuls moments où je me débarrasse de mes soucis, c'est quand je joue avec l'enfant ou quand je suis ivre !

"Votre mariage n'a pas été heureux ?"

Il haussa les épaules.

« Nous ne nous battons pas ; nous ne nous jetons pas les meubles et ne faisons pas monter la propriétaire, comme... quel était leur nom ?... les Whittacombes . Mais nous ne trouvons pas les jours trop courts pour dire tout ce que nous avons. il faut se le dire, elle et moi ; et... Oh, vous ne pouvez pas imaginer quelle chose épouvantable c'est d'être toute la journée devant une femme à qui vous n'avez rien à dire, c'est affreux ! Et elle ne sait pas jouer et elle n'obtient pas d'engagements, ce qui la rend maussade. Elle pourrait être achetée avec moi pour de petites pièces - en fait, elle l'a fait une ou deux fois - mais cela ne la satisfait pas ; elle veut continuer à jouer le rôle principal, et maintenant que l'argent a disparu, elle ne peut plus. Elle pense que j'ai mal géré ce foutu argent et que je l'ai mal conseillé. Elle n'avait rien fait depuis un an jusqu'au printemps, puis elle est sortie avec Laura Henderson à New York. Ce sont des conditions assez médiocres pour l'Amérique ! Mais elle s'est tellement plaint que je crois qu'elle continuerait comme figurante maintenant, plutôt que rien, tant que je ne jouais pas le rôle principal d'une autre femme de la série. même foule. »

Elle traça un motif imaginaire avec son doigt sur le siège. Il était toujours debout et soudain son visage s'éclaira.

"Voilà Archie !" il a dit.

« Archie ? »

"Le garçon."

Un enfant de deux ans, chargé d'une servante, se tenait derrière eux à la porte d'une des chaumières.

"Tu l'emmènes avec toi ?"

" Il est resté avec des gens en ville ; je viens de le descendre, c'est tout. Nous finissons samedi et il y a la mer ; je pensais que deux ou trois semaines lui feraient du bien. Voulez-vous... qu'il vienne à toi ?"

Il tendit les bras, et l'enfant, libéré de l'étreinte du serviteur, trottinait en souriant sur l'herbe, un petit corps potelé en pelisse et en cape. Les jambes à guêtres couvraient lentement le sol, et elle regarda son enfant courir vers lui pendant ce qui sembla un long moment avant que Carew ne le rattrape.

"C'est Archie," dit-il avec méfiance ; "c'est lui."

"Oh," dit-elle d'un ton contraint, "c'est lui ?"

L'homme le plaça sur le banc, avec une feinte d'insouciance mal faite, et redressa rapidement son chapeau, comme s'il craignait que l'action ne soit ridicule. Le voir dans cette association avait quelque chose d'infiniment étrange pour elle – quelque chose qui aiguisait le sentiment de séparation et faisait paraître le passé intensément vieux et révolu.

« Déposez-le », dit-elle ; "il n'est pas à l'aise."

"Tu penses qu'il a l'air fort ?"

"Oui, bien sûr, très bien. Pourquoi ?"

"Je me suis demandé... je pensais que tu en savais plus que moi. Archie est-il un bon garçon ?"

"Oui", répondit l'enfant. "Maman!"

"Ne dis pas de bêtises, maman est là-bas !" Il montra la mer. "Il parle très bien, pour son âge en général ; maintenant il est stupide."

"Oh, laisse-le tranquille", dit-elle en regardant le visage du bébé avec des yeux profonds ; "il est timide, c'est tout."

"Maman!" répéta l'acarien avec insistance, et il posa la main sur son long manteau.

« Le pouce ne va pas », murmura-t-elle après une pause où l'homme et la femme furent tous deux embarrassés ; "Tu vois, ce n'est pas dedans !"

Elle ôta le petit gant et le remit, prenant les doigts fragiles dans les siens et s'en séparant lentement. Un sentiment complexe et merveilleux s'inspira dans son cœur à la voix de l'enfant de Tony ; un sentiment de tendresse à moitié réticente, couplé à une jalousie douloureuse envers la femme qui lui en avait donné un.

Ils formaient un groupe sur lequel n'importe quel regard se serait tourné : le vieux jeune homme, qui était évidemment le père, le bébé et la femme réfléchie, dont le costume la proclamait nourrice. Le costume, en effet, n'était pas sans influence sur Carew. Cela lui rappelait les jours de sa première connaissance avec elle – les jours depuis lesquels ils étaient ensemble, séparés et dérivé dans des voies différentes. Après avoir essayé le mariage comme moyen et prouvé que c'était une impasse, il blâma la femme avec laquelle il s'était très ardemment trompé, et il aurait été heureux de rendre compte de son erreur à l'autre, qui était plus ardente. que jamais attirante parce qu'elle avait cessé de lui appartenir. La longueur du voile tombant au-dessous de sa taille avait, à son avis, une suggestion cloîtrale qui donnait à ses allusions à leur intimité une fascination supplémentaire ; et la présence d'Archie avait rarement aussi peu occupé son attention. Pourtant, il aimait plus cette rejeton de lui-même qu'il ne l'avait été d'elle, même à l'époque que rappelait la robe ; et c'était parce qu'elle comprenait vaguement que l'enfant la touchait si près. Comme presque tous les hommes chez qui les désirs d'ambition ont survécu à l'espoir de se réaliser, il s'est beaucoup penché sur l'avenir du sien ; fils; il avait très envie de voir son garçon réussir ; dont il avait réalisé qu'il ne pourrait jamais l'atteindre par lui-même, et il avait perdu, dans l'intérêt de la paternité, une partie du caractère poignant de l'échec. Le désir de lui parler de tout cela et de bien d'autres choses était fort en lui, mais elle sortit de sa rêverie et lui dit au revoir, comme par impulsion, au moment où il avait l'intention de parler.

"Je te reverrai?"

"Je crois que non."

Il aurait alors demandé s'ils se séparaient en paix, mais ses adieux furent trop brusques, même pour qu'il puisse formuler l'enquête.

CHAPITRE XIII

Cela le surprit et le laissa vaguement déçu. Interrompre ainsi brusquement leur entretien lui paraissait sans motif. Il n'en voyait aucune raison, et son regard suivit sa silhouette qui s'éloignait avec un regret spéculatif. Lorsqu'elle fut hors de vue, il ramassa l'enfant et, le portant dans le salon du chalet , s'assit près de la fenêtre ouverte, fumant et pensant à elle.

C'était une petite pièce, mal meublée, et, inquiété par ses limites, l'enfant devint rapidement agité. Une hôtesse aux chaussures négligées se promenait, préparant la vaisselle pour le dîner, tandis que le petit domestique, envoyé de la ville avec le garçon, écrasait son dîner dans une assiette peu appétissante . De temps en temps , elle se tournait pour l'apaiser avec quelques-unes des facéties à voix forte propres à l'espèce de petite servante dans ses relations avec une enfance agitée, et à ces moments Carew suspendait ses méditations sur son ancienne maîtresse pour souhaiter la présence de sa femme. . Ce n'était que le deuxième jour de la visite de son fils, et sa méconnaissance de l'arrangement n'était pas sans effet sur ses nerfs.

Toujours insatisfait du présent, sa capacité à profiter du passé était d'autant plus grande. Consommant pensivement une côtelette, devant le composé peu appétissant et les aléas de l'enfance avec une cuillère, il entreprit de la revivre, discernant au passage mille charmes auxquels la réalité l'avait rendu aveugle.

Il fut incapable de se débarrasser de l'influence de la réunion une fois le dîner terminé. Fantaisie, pendant que l'enfant se précipitait dans un coin avec quelques jouets, il installa Mary dans la pièce ; imaginant son état s'il l'avait épousée, et observant d'un air maussade les volutes de fumée de tabac alors qu'elles naviguaient sur la vaisselle sale. "Bon sang!" s'exclama-t-il en se levant. Sans la conviction que cela serait inutile, il serait parti à sa recherche.

Qu'il la reverrait avant de quitter l'endroit, il était déterminé. Mais il n'y parvint ni le lendemain ni le surlendemain, bien qu'il prolongeât sa promenade au-delà de ses limites habituelles. Il ne manquait pas, au cours de ces excursions, de remarquer qu'une ville suffisamment grande pour nous séparer désespérément de la face que l'on cherche, peut cependant être si petite que les mêmes visages étrangers reviennent presque à chaque détour. Un gentleman de couleur qu'il a anathématisé spécialement pour son itération.

Bien qu'il doutât de la possibilité de la chose, il ne pouvait se débarrasser de l'idée qu'elle serait un soir au théâtre, poussée par la tentation de le regarder à son insu ; et il faisait de son mieux maintenant, espérant qu'elle soit là. Aussi souvent que cela était possible, il scrutait la maison pendant le déroulement de la pièce et, entre les actes, l'inspectait à travers le judas du rideau.

Notant ses observations un soir, une jolie fille dans les coulisses lui demanda en plaisantant si « *elle* avait promis de l'attendre dehors ».

"Non, Kitty, ma chérie, elle ne l'a pas fait ; elle n'aura rien à voir avec moi !" » répondit-il, et il aurait aimé s'arrêter et flirter avec elle. Son cerveau était chaud à cet instant, et une femme ou une autre à ce moment-là…

Si Mary avait attendu, il aurait pu lui parler avec autant de sentimentalité qu'auparavant ; et j'ai ressenti autant de sentiments aussi. Il pouvait apaiser tout scrupule pour ses erreurs par une condamnation générale de la nature masculine.

La jolie fille n'avait aucun rôle dans la pièce. Elle était la fille d'une jolie femme qui exerçait la double qualité de « femme de chambre » et de maîtresse de garde-robe ; mais bien qu'elle vienne à peine de sortir du pensionnat, il était évident que, comme sa mère, elle serait bientôt liée aux branches inférieures de la profession. Déjà, elle avait très parfaitement acquis, en privé, le ton de dame burlesque, et connaissait l'intérieur des bars de province, où sa mère prenait un « tonique » après la représentation.

Carew les a croisés tous les deux, parmi un groupe de membres masculins de la société, dans l'arrière- salon d'un pub une heure plus tard. Kitty, assez innocente encore pour trouver « chéri » une nouveauté, l'accueillit avec un éclair des yeux ; mais il ne répondit rien et, avalant son whisky, resta maussade. Les autres commentèrent son abstraction. » Il a répondu d'un ton maussade et a demandé « à nouveau la même chose ». Il n'était pas rare qu'il boive à l'excès maintenant – il avait l'habitude d'excuser sa faiblesse en se plaignant de sa vie morne – et ce soir, il s'allongea sur le canapé en sirotant du whisky jusqu'à devenir bavard.

Ils restèrent à table longtemps après l'heure de fermeture, l'hôtesse, qui était une amie de la maman de Kitty, leur enjoignant la quiétude. Elle n'était pas opposée à se joindre elle-même à la fête lorsque les lumières de la fenêtre avaient été éteintes et Kitty n'a pas non plus refusé de prendre un verre de vin lorsque Carew l'a enfin pressée d'être sociable.

"Parce que tu grandis", dit-il avec un rire idiot : "'j'ai une grande fille maintenant'!"

Elle lui adressa un simulacre d'obéissance au centre de la pièce, secouant les cheveux qui étaient encore dénoués sur ses épaules.

"Sherry," dit-elle, "si maman dit que son popsy peut le faire ? Parce que j'ai une grande fille maintenant, maman !"

Le bar était dans l'obscurité, ce qui a nécessité une enquête avec une boîte d'allumettes. Lorsque la bouteille a été produite, elle s'est avérée vide ; La pantomime du désespoir de la jeune fille fut accueillie par de grands éclats de rire. Tout le monde avait bu plus qu'il n'était conseillé, et la patronne tenta encore une fois de contenir l'hilarité par de faibles allusions à sa licence .

« Le sherry est dans le placard au bout du couloir », s'est-elle exclamée ; "Tu ne veux pas autre chose à la place ? Maintenant, fais moins de bruit, ce sont de bons garçons, tu vas me causer des ennuis !"

"Je vais aller le chercher", dit Kitty, se lançant momentanément dans un step-dance, les bras levés. « Confiez-moi la clé ? »

"Et *j'irai* voir qu'elle ne te vole pas", s'écria Carew. « Viens, Kit ! »

" Non , tu ne le feras pas", dit sa mère; "elle fera mieux seule!" Mais la remontrance ne fut pas écoutée, et, tandis que la jeune fille courait dans le couloir, il la suivit ; et, comme ils atteignaient le placard et tâtonnaient sur la serrure, il la saisit par la taille et l'embrassa.

Ils revinrent ensemble avec la bouteille, dans la tenue de la jeune fille une affirmation de féminité complaisante évoquée par l'indignité. Carew s'appliqua à la liqueur avec une diligence renouvelée ; et au moment où le groupe se dispersa avec circonspection par la porte privée, ses yeux étaient vitreux.

La ville endormie s'étendait avant que ses pas incertains ne blanchissent au clair de lune alors qu'il souhaitait aux autres un épais « bonne nuit ». Ses appartements étaient éloignés d'un mile et plus, et, confus par la boisson, il s'engagea dans la mauvaise route, la poursuivant et s'en éloignant impétueusement, jusqu'à ce que Westport s'enroule autour de lui dans la confusion d'un labyrinthe. Une fois, il s'arrêta, croyant entendre quelqu'un approcher. Mais le son s'éloigna ; et se sentant de plus en plus étourdi à chaque minute, il reprit sa route, finalement sans aucun effort pour deviner sa situation. Le soleil se levait lorsque, partiellement dégrisé, il franchit la porte de la chaumière. La mer léchait doucement le sable sous un ciel rougeoyant ; mais dans la chambre une bougie brûlait encore, et c'est dans la lueur de la bougie que le petit domestique lui fit face avec un visage effrayé.

« Maître Archie, monsieur ! » elle hésita ; "J'ai veillé avec lui toute la nuit, il est malade !"

"Je vais?" Il se tenait bêtement sur le seuil. " Qu'entends-tu par malade ? Qu'est-ce que c'est ? "

"Je ne sais pas ; je ne sais pas ce que je devrais faire ; je pense qu'il devrait avoir un médecin."

Il la poussa, avec une éjaculation murmurée, jusqu'au lit où gisait l'enfant en pleurant.

"Qu'est-ce qu'il y a, Archie ? Qu'est-ce qu'il y a, petit gars ?"

« C'est de son cou qu'il se plaint, dit-elle ; "tu vois, il est tout enflé. Il ne peut rien manger."

Carew le regarda consterné. Une peur soudaine de perdre l'enfant, une terreur soudaine de sa propre incompétence s'empara de lui.

« Allez chercher un médecin, balbutia-t-il, ramenez-le avec vous. Vous auriez dû y aller avant ; il n'était pas nécessaire d'attendre que j'entre pour vous dire que si l'enfant tombait malade, il lui fallait un médecin ! Allez, ma fille, dépêchez-vous ! Vous en trouverez un quelque part dans ce foutu endroit. Attendez une minute, demandez à l'hôtesse, réveillez-la et demandez quel est le médecin le plus proche! Dites-lui qu'il doit venir tout de suite. S'il ne veut pas , appelle-en un autre : un retard peut faire toute la différence. Bon Dieu ! pourquoi l'ai-je fait venir ici ?

L'attente menaçait d'être interminable. Il y avait une bassine d'eau sur le lavabo et il y plongea la tête. Le frémissement de la vie qui s'éveillait se faisait entendre dans la quiétude. Par la fenêtre arrivait le bruit des pas d'une cour voisine , le bruit d'un seau sur la pierre. Il contemplait l'enfant, pris de conscience par son propre état, et s'efforçait d'apaiser son inquiétude par des questions répétées, auxquelles il obtenait des réponses maussades et peu satisfaisantes.

Il fallut plus de deux heures avant que la jeune fille ne revienne. Elle était accompagnée d'un médecin qui semblait irrité. Carew regarda son examen à bout de souffle.

"Est ce sérieux?"

"Cela ressemble à une diphtérie ; il est encore tôt pour le dire. Il a une constitution de premier ordre, c'est une chose. Mère, un bon physique ?... Alors j'aurais dû y penser ! Vous êtes résidente ?"

"Je suis acteur, je suis fiancé ici, ma femme est à l'étranger. Pourquoi demandez-vous ?"

"Il vaudrait mieux que l'enfant soit retiré, il y a un risque d'infection par la diphtérie ; un hébergement ne suffira pas. Emmenez-le à l'hôpital et faites-le soigner correctement. Ce sera mieux pour lui à tous égards."

"Je suis très reconnaissant pour vos conseils", a déclaré Carew. Mais l'idée était intimidante. "Je serai ici moi-même pendant encore une semaine au moins", a-t-il ajouté, en allusion aux frais. « Est-il sécuritaire de le déplacer, pensez-vous ?

"Oh oui, n'ayez pas peur de ça. Enveloppez-le et emmenez-le dans une mouche ce matin. Le plus tôt sera le mieux... Ce n'est pas grave. Bonjour."

Il partit vivement, avec un appétit pour le petit-déjeuner.

"Archie fera un bon voyage", dit Carew sur un ton morne d'encouragement - "un bon voyage en calèche avec papa."

"J'ai sommeil", dit l'enfant.

"Une belle promenade au soleil et voir la mer. Nursie mettra vos vêtements."

"Je ne veux pas !"

Ses efforts pour résister renforcèrent l'aversion de Carew à l'égard de l'arrangement proposé. Ce ne fut pas dans les premières minutes que cette présentation brusque de l'hôpital rappela à l'esprit de l'homme le lien qui unissait Mary à cet hôpital ; et quand la connexion lui apparut, son moral s'éclaira. Si le garçon devait être abandonné, loin des parents de sa mère à Londres, le malheur ne pourrait guère se produire dans des conditions plus heureuses que là où... La réflexion s'est évanouie jusqu'à devenir un point d'interrogation. *Serait-* elle utile ? Pouvait-il espérer ou oser demander de la tendresse à Mary Brettan — et à l'enfant de l'autre femme ? Il en doutait.

Dans le sentiment de répulsion qui suivit cet espoir bondissant, il fut presque déterminé à retenir sa demande. De nombreux enfants étaient en sécurité dans un hôpital ; pourquoi pas son propre enfant ? Il paierait pour tout. Et puis la pensée d'Archie abandonné parmi des étrangers le faisait trembler ; et la petite forme lui semblait, dans sa lassitude, devenue encore plus petite, plus fragile.

Encore et encore, dans le taxi cahoteux, il débattait d'un appel à Mary, luttant contre la honte pour le bien de son garçon. Sans savoir ce qu'elle pouvait faire, il était conscient que son intérêt serait utile. Il s'accrochait passionnément à l'idée de quitter l'hôpital en sachant qu'il contenait un ami, un individu qui épargnerait à l'enfant quelque chose de plus que le dû acquis et impartial du patient.

Le fiacre s'arrêta brusquement et il le transporta dans la salle d'attente vide. C'était un appartement au rez-de-chaussée, étroit et décharné, avec une baie vitrée, comme une vitrine de magasin, donnant sur la rue. Il le plaça dans un coin d'un des formulaires contre les murs et, en attendant l'apparition du médecin de maison, lui murmura des encouragements. Les minutes s'écoulaient. Il lui vint à l'esprit que la maladie pouvait paraître insignifiante, mais l'espoir l'abandonna presque aussitôt, banni par l'environnement. La mélancolie nue des murs le glaça de nouveau, et l'idée de pauvreté qui régnait dans les lieux intensifia ses inquiétudes. Il pensait qu'il lui parlerait. Si elle refusait, cela n'aurait fait aucun mal. Et elle ne refuserait pas, elle était trop bonne. Oui, elle a toujours été une bonne femme. Il se souvenait——

La poignée de porte tourna et il se leva en présence de Kincaid. Les regards des deux hommes se croisèrent d'un air interrogateur.

"Votre enfant?" dit Kincaid en avançant.

"Oui, c'est son cou. On m'a conseillé de l'amener ici, car je ne suis qu'en logement. J'aimerais——"

"Laissez-moi voir!"

Carew reprit sa place. Son regard s'accrochait aux mouvements du docteur ; chaque détail lui énervait les nerfs. Une infirmière a été appelée pour prendre la température. Il la regardait avec suspense et souriait faiblement à l'enfant qu'elle tenait dans ses bras.

" Gorge diphtérique. Nous allons le coucher tout de suite. Emmenez-le, nourrice, mettez-le dans une salle spéciale. "

« J'aimerais… » dit Carew d'une voix rauque ; « Je connais une des infirmières ici. Puis-je la voir ?

"Oui, certainement. Lequel ?"

" Son nom est ' Brettan — Mary Brettan '. " Il se pencha pour caresser le visage en larmes et manqua la surprise de Kincaid. « Si je pouvais la voir maintenant… ?

"Demandez si l'infirmière Brettan peut descendre, s'il vous plaît ! Dites qu'elle est recherchée dans la salle d'attente."

Une brève pause s'ensuit. La fermeture de la porte les laissa seuls. L'imagination du père poursuivait les figures disparues ; Kincaid était occupé par le fait que cet homme était une connaissance de Mary – la seule connaissance qui avait croisé son chemin. Surprise a suggéré sa remarque d'ouverture :

"Vous êtes un visiteur ici, dites-vous ? La maladie de votre petit fils arrive à un moment malheureux pour vous."

"C'est vrai… oui, très bien. Je suis au théâtre... et mes appartements ne sont pas très beaux."

Il a mentionné l'adresse; le médecin fit quelques enquêtes formelles. Carew a demandé à quelle fréquence il serait autorisé à voir le garçon ; et quand cela fut arrangé, le silence retomba.

Il s'est cassé en quelques secondes. Le bruit d'un pas dans les escaliers fut capté par eux simultanément. En même temps, les deux hommes se retournèrent. Aux pas succéda le léger bruissement d'une jupe, et l'infirmière Brettan franchit le seuil. Elle sursauta visiblement, se contrôla et répondit au salut de Carew par une légère révérence.

Kincaid, en quelque sorte, le lui présenta – avec courtoisie et contrainte.

"Ce monsieur attendait de vous voir. Je vous souhaite le bonjour, monsieur."

Mary se dirigea vers la fenêtre et resta là sans parler. Dans le costume imprimé et en lin de la maison, elle rappelait avec une force accrue à Carew l'époque où il l'avait vue pour la première fois.

« Archie a la diphtérie », dit-il ; "Il vient d'être emmené à l'étage."

"Je suis désolée", dit-elle. "Pourquoi m'as-tu demandé ?"

« On m'a dit que je ne pouvais pas le garder à la maison, que je devais l'amener ici... Mary, tu feras ce que tu peux pour lui ?

Elle releva calmement la tête.

"Il est sûr d'être soigné avec soin", répondit-elle; "Aucun patient n'est négligé."

"Je sais. Je sais tout ça. Je pensais que tu———"

« Je ne suis pas dans la salle des enfants », dit-elle ; " *Je* ne peux rien faire."

Il la regarda bêtement. La simple indifférence de son agitation aurait pu s'exprimer dans le combat, mais le caractère concluant de la réponse ne lui laissait aucune raison d'insister.

"Je dois donc être satisfait sans toi", dit-il enfin. "J'ai pensé à toi directement."

"Il aura toute l'attention ; vous n'avez pas besoin d'en douter."

"Un si petit gars... parmi des étrangers !"

"Nous avons de très jeunes enfants dans les services."

"Et peut-être être dangereusement malade !"

"Vous devez essayer d'espérer le meilleur."

"Ah, tu me parles comme une infirmière d'hôpital !" il pleure; "Je me souvenais de la femme."

« Je parle comme ce que je suis, » répondit-elle froidement ; "Je fais partie des infirmières. Moi-même, je n'ai aucun souvenir."

"Vous vous souviendrez peut-être de cette semaine, lorsque nous nous sommes revus. Et une fois, il ne vous aurait pas été si impossible de consacrer une minute de gentillesse à mon garçon!"

Elle se dirigea vers la porte, plus pâle, mais autonome.

"Je dois y aller maintenant", dit-elle; "Je ne peux pas rester absent longtemps."

"Vous choisissez d'oublier seulement quand on vous demande quelque chose !"

« Je vous l'ai dit, dit -elle en se retournant, qu'il est hors de mon pouvoir de faire quoi que ce soit.

"Et tu es content de pouvoir le dire !"

"Peut-être. Aucun souvenir de mon ancienne disgrâce ne me plaît."

« Votre réforme est très complète, » répondit-il avec amertume ; "La femme que je connaissais n'aurait pas pu exercer de représailles contre un enfant sans défense."

La piqûre de la réplique la poussa à la réfutation. Sa main, tendue vers la porte, tomba à son côté ; elle lui fit face rapidement.

"Tu me trouves ce que tu m'as fait", dit-elle avec des lèvres blanches. "Je ne riposte ni ne plains. Qu'est-ce que l'enfant de ta femme pour que tu me demandes de m'en occuper ? Si je suis dur, c'est toi qui m'as appris à être dur avant sa naissance."

"C'est *mon* enfant dont je t'ai demandé de t'occuper. Et je me suis résolu à le demander parce qu'il est ce que j'aime le plus sur terre. Je remercie Dieu d'apprendre qu'il ne sera pas à ta charge !"

Elle frissonna et le regarda un instant attentivement. Puis ses paupières se baissèrent et elle le quitta sans un mot.

Elle sortit dans le couloir, la main appuyée sur sa poitrine. Mais ses fonctions n'ont pas immédiatement repris. Elle s'est frayée un chemin jusqu'à l'aile des enfants, sans aucune indécision dans ses manières, mais comme quelqu'un qui poursuit un objectif. Les deux rangées de lits laissaient un passage vers le sol, et elle scruta les visages jusqu'à atteindre la table des infirmières.

Par hasard, elle a parlé à l'infirmière que Kincaid avait convoquée.

« Il y a un garçon qui vient d'être amené avec la diphtérie, Sophie ; tu sais où il est ?

"Oui, je reviens vers lui dans une minute. Il est dans une salle spéciale."

"Permettez-moi de le voir!"

"Avez-vous la permission?"

"Non."

L'infirmière Gay hésita.

"Je vais avoir des ennuis", dit-elle. "Pourquoi tu ne le demandes pas ?"

"Je ne veux pas attendre, je veux le voir maintenant."

"J'ai déjà été dans l'eau chaude une fois cette semaine———"

« Sophie, je connais cet acarien, et… et son peuple. Je *dois* aller vers lui !

La jeune fille la regarda attentivement.

"Oh, si c'est comme ça !" dit-elle. "Ce n'est qu'une perruque, allez-y !" Et elle lui a dit où il était.

Il gisait seul dans la chambre simple, lorsque Mary entra, une petite patiente pour qui le lit étroit paraissait grand. L'infirmière lui avait montré un livre d'images, et celui-ci bâillait vaguement sur la couverture, où il avait glissé de sa prise apathique. Au bruit de l'approche de Mary, il se retourna. Mais il ne la reconnut pas . Un regard dubitatif évaluait ses intentions.

Au début , elle ne parlait pas. Elle se pencha sur l'oreiller, le lissant et le relissant machinalement, une main tremblante plus près des boucles désordonnées. Son propre regard s'approfondit et s'accrocha à lui ; ses lèvres s'entrouvrirent. Ses mains se rapprochèrent timidement. Son visage était courbé jusqu'à ce que sa bouche cède des baisers sur sa joue. Elle se languissait de lui à travers ses cils mouillés, un sourire étonné toujours sur son visage.

« Archie », murmura-t-elle ; "Archie, mon petit garçon, est-ce que c'est confortable pour toi ? Tu ne verras pas les photos, toutes les jolies personnes du livre ?"

"Pas de belles photos", se plaignit-il.

« Vous en aurez de plus belles cet après-midi, dit-elle ; "Cet après-midi, quand je sors. Laisse-moi te montrer ça maintenant ! Regarde, voici un petit garçon au lit, comme toi ! Il s'appelait aussi « Archie » ; et un jour son papa l'emmena dans une grande maison, où papa avait des amis, et...

"Papa ! Je *veux* papa !"

"Oh, mon chéri, dit-elle, papa arrive ! Il viendra très, très bientôt. L'autre petit garçon voulait papa aussi, et il n'était pas content du tout au début. Mais dans la grande maison, tout le monde était si gentil et heureux d'avoir Archie là, qu'à ce moment-là, il a pensé que c'était un plaisir de s'arrêter. C'était tellement agréable directement que c'était mieux que d'être à la maison. Ils lui ont donné des jouets, beaucoup, beaucoup de jouets ; et il y avait des oranges. et des puddings, c'était magnifique !"

Elle ne pouvait pas rester, on avait besoin d'elle ailleurs ; et quand Kincaid faisait sa tournée, elle était de service. Mais elle surveillait l'évolution de la journée et, au crépuscule, elle savait que l'enfant était gravement malade. Elle ne s'étonnait pas de son intérêt ; cela la captivait au point d'exclure l'étonnement. Si elle était un peu surprise, c'était que Carew aurait pu croire en sa neutralité. Pourtant, elle était reconnaissante qu'il y ait cru ; et en même temps il se réjouissait que son premier mouvement ait été de mettre foi en son bon cœur. Elle n'analysait pas sa sympathie, honteuse de la cause dont elle était née. Lorsqu'elle avait regardé, dans l'intervalle, la photographie fanée, elle s'était fait des reproches et avait pleuré ; maintenant, tout semblait naturel. Elle ne cherchait ni à raisonner ni à euphémiser . Le sentiment était spontané et elle l'a suivi. Elle ne l'a pas appelé avec un mauvais mot, parce qu'elle n'a rien dit . Elle a été portée alors qu'il la portait, aveuglément, sans résistance, sans s'arrêter pour la nommer ni définir sa source. Cela semblait naturel. Elle s'enquit d'Archie quand elle se leva le lendemain matin et, un peu plus tard, organisa une autre visite éclair dans la pièce. Mais il était désormais trop malade pour la remarquer.

Dans l'après-midi, Carew revint. Elle l'apprit pendant qu'il était là et comprit quelque chose de sa misère. Elle entendit comment il assiégeait l'infirmière de questions : « Avait-elle déjà été témoin d'un cas aussi grave — enfin, souvent auparavant ? Ceux qui s'en étaient remis étaient-ils aussi jeunes qu'Archie ? N'y avait-il rien d'autre à tenter ? Elle écoutait, la tête baissée, imaginant la scène dans laquelle elle ne pouvait entrer ; déplorer, se souvenir, revivre — prier pour « l'enfant de Tony ».

Cependant, ce n'est qu'après le départ de l'homme que tout se rapporta à elle. Elle était assise à l'extrémité de la salle, en train de coudre, bientôt libre pour la nuit. C'était l'heure où le calme de l'hôpital se transformait en silence qui préludait à l'extinction des lumières des patients. Les plateaux du dîner avaient depuis longtemps été retirés des chevets. À travers les ouvertures du rideau, on pouvait voir quelques patients, répugnant à renoncer à ce privilège tant qu'ils le détenaient, lisant des livres et des magazines ; d'autres dormaient déjà, et même les retardataires de la salle, qui se dissipaient dans des fauteuils roulants, à l'envie des autres, avaient fait leur dernière excursion de la journée. Le major avait arrêté sa chaise pour exprimer son dernier souhait : « une nuit confortable, monsieur ». Le champion d'échecs avait conclu sa conquête sur la couette d'un adversaire couché. Là où le déjeuner arrive à six heures, les hommes adultes reprennent quelques-unes des habitudes de leur enfance, et la journée qui commence si tôt se termine bientôt. C'était très paisible, très calme ; et elle était assise sous les rayons des lampes, en train de coudre.

Elle regarda autour d'elle tandis que la matrone la rejoignait. On savait que l'affaire l'intéressait, et ils en parlèrent à voix basse.

"Comment est-il?"

"Il a été terriblement mauvais. Le pire s'est produit avant le départ du père ; le Dr Kincaid a dû venir."

" Quoi dis moi!"

"Il a dû pratiquer une trachéotomie. Le père était là tout le temps ; le Dr Kincaid lui a dit ce qui allait être fait, mais il n'a pas voulu y aller. L'enfant avait le visage bleu et il n'y avait aucun moyen de s'arrêter pour discuter. ... Quand la gorge a été coupée et le tube mis en place, j'ai cru que l'homme allait s'évanouir. Il se tenait juste à côté de moi. " Bon Dieu ! Est-ce une expérience ? " dit-il. Je lui ai dit que c'était la seule façon pour l'enfant de respirer, mais il ne semblait pas m'entendre. Et quand la quinte de toux est arrivée, oh, mon Dieu ! Vous savez à quoi ressemble la toux ?

"Continue!"

" Il s'est assuré que tout était fini ; il a éclaté en sanglots et le médecin lui a ordonné de sortir de la chambre. " Si vous aimez votre enfant, restez tranquille ici, monsieur, dit-il, ou allez vous ressaisir. dehors!' Je pense qu'il était désolé d'avoir parlé si sévèrement après, même s'il avait tout à fait raison, car... "

"Oh!" Marie frémit. "L'avez-vous revu ?"

"Oui, je lui ai dit qu'il n'avait aucune affaire à arrêter. Il a dit : 'Si le pire arrive, je penserai que j'étais là.' J'ai dit qu'il devait essayer de croire que seul le meilleur pourrait arriver maintenant, même si j'aurais dû le dire, je ne le sais pas. Lorsqu'il s'agit de trachéotomie pour la diphtérie, les chances de l'enfant sont minces. petit type comme jamais je n'en ai vu ; il a la force de beaucoup de couples que nous rencontrons ici - et l'homme était dans un tel état. Il revient ce soir ; il doit me voir , de toute façon ; il a dû se dépêcher d'aller au théâtre. d'agir. Je ne peux pas imaginer comment il va s'en sortir.

"Je dois y aller ! Je dois aller à la salle !" Elle se releva en joignant convulsivement les mains. « Je peux, n'est-ce pas ? C'est le moment pour l'infirmière Mainwaring de me relever – pourquoi n'est-elle pas là ?

La matrone l'a calmée.

"Chut ! vous pouvez y aller dès qu'elle arrive. Ne vous comportez pas comme ça, ou je serai désolé de vous l'avoir dit. L'infirmière Bradley s'est plainte de se sentir mal, j'imagine que c'est ce que c'est."

Mary esquissa un léger sourire, dépréciant sa véhémence.

"J'aime beaucoup ce garçon", a-t-elle déclaré avec des excuses dans la voix. "C'est très gentil de votre part de me le dire, je vous remercie beaucoup."

L'infirmière Mainwaring apparut alors.

"L'infirmière Bradley ne peut pas se lever, madame", annonça-t-elle.

"C'est absurde ! qu'est-ce que c'est ?"

"Un mal de tête; elle ne peut pas voir avec ses yeux."

C'était le moment de consternation au cours duquel un hôpital se rend compte que son personnel est lui aussi en chair et en os – le problème de la machinerie humaine.

"Alors nous sommes à court de personnel ce soir. Vous remplacez ici, infirmière Mainwaring ?"

"Oui madame."

"Et l'infirmière Gay, qui devrait la remplacer ?"

"Infirmière Bradley."

« *Je vais* la relever, » s'écria Mary ; "Je voudrais!"

"Vous avez le plus besoin de repos nocturne. Et il n'y a pas de sieste avec Trachy , cela signifie regarder tout le temps."

"Je ne ferai pas de sieste ; je ne veux pas. Quelqu'un doit perdre sa nuit de sommeil, pourquoi pas moi ?"

"Je pense que nous pouvons nous débrouiller sans toi."

"Ce sera une faveur pour moi – je suis reconnaissant pour cette opportunité."

"Eh bien, alors, tu le partageras de moitié avec quelqu'un. Tu peux prendre la première moitié, et———"

"Non, non", a-t-elle insisté, "c'est dur pour l'autre et ce n'est pas assez pour moi. Donnez-moi tout !"

La matrone répondit :

"L'infirmière Brettan soulage l'infirmière Gay !"

Dans la pièce, le garçon gisait immobile comme s'il était déjà mort. De la bouche le souffle ne passait plus ; ce n'est qu'en plaçant la main devant l'orifice du tube inséré dans la gorge qu'on pouvait détecter qu'il respirait désormais. Lorsque Mary s'est assise à ses côtés, la force de la formation professionnelle s'est immédiatement manifestée. Elle avait réclamé du travail supplémentaire avec une excitation presque fiévreuse ; elle y entra avec sang-froid et maîtrise d'elle-même. Un inconnu aurait dit : « Une femme consciencieuse, mais l'expérience a émoussé sa sensibilité. »

Sur la table se trouvaient des plumes. Avec ceux-ci, de temps en temps pendant la nuit, elle devait garder le tube libre de toute obstruction. Même la plus brève indulgence envers la somnolence était impossible. Une attention inébranlable portée à l'état du passage qui permettait à l'air d'entrer dans les poumons n'était pas seulement importante, c'était une nécessité vitale. Une vigilance continue et inflexible était nécessaire. C'était à cela que la nourrice, déjà épuisée par les devoirs habituels de la journée, s'était engagée à la place de l'absente.

A neuf heures et demie, elle avait nettoyé le tube deux fois. A dix heures, Kincaid entra.

« Je relève l'infirmière Gay, » dit-elle en se levant ; "La tête de l'infirmière Bradley va très mal."

Il se dirigea vers le lit et s'assura que tout allait bien.

"Ce sera très éprouvant pour vous ; n'y avait-il personne pour diviser le travail ?"

"Je voulais tout faire moi-même."

" Ah oui, je comprends ; tu connais le père. "

C'était la seule référence qu'il avait faite au fait que le père la demandait, et son ton était sensible à la question. Elle acquiesça. Et, seuls ensemble pour la première fois depuis sa nomination, ils regardèrent l'enfant de Carew.

Elle n'avait aucune envie de parler. La situation lui imposait de la retenue. Mais être avec elle avait donc un charme, pour autant. Il ne fallait pas le dire, ni s'y attarder, mais, en partie à cause du silence qui régnait dans la maison, il y avait une illusion de relations sexuelles confidentielles qu'il n'avait jamais ressenties avec elle ici auparavant.

Pendant qu'ils regardaient, le garçon poussa un rapide cri de surprise. Le tube était bouché.

Elle sursauta et tendit la main vers les plumes. Mais Kincaid en avait déjà choisi un, favorisé par sa position.

"D'accord!" il a dit; "Je vais le libérer."

Il se pencha sur l'oreiller, une plume à la main. Elle le regardait avec des yeux écarquillés de terreur, car elle voyait que ses efforts étaient vains et qu'il ne pouvait pas le libérer.

La placidité cireuse du visage tourné vers le haut disparut sous son regard. Il retrouva les signes de la vie pour lutter contre l'emprise de la mort, déformés en un instant et effroyablement déformés. La femme moyenne aurait pleuré à haute voix. L'infirmière, à toutes fins pratiques, gardait encore son calme.

Ce fut Kincaid qui donna le premier signe de découragement.

"Le truc est bloqué !" il s'est excalmé; "Je ne peux pas l'effacer !"

Sa voix avait le désespoir refoulé d'un chirurgien, qui est aussi un enthousiaste, auquel s'oppose une force supérieure. Sous l'épreuve de sa défaite, son sang-froid s'est effondré. Confrontée à un danger pour lequel elle s'intéressait vivement et personnellement, elle, comme son père avant elle, devint agitée et dérangée.

"Vous devez le faire", dit-elle. "Docteur, pour l'amour du ciel !"

Il essayait encore, mais sans grand succès.

"Je fais de mon mieux, ça ne semble pas bon."

"Vous devez sauver cette vie", répéta-t-elle.

"Vous serez?"

"Je vous le dis, je n'en peux plus."

« Vous le ferez… vous le ferez ! » » elle a persisté sauvagement. La passion même de la maternité imprégnait ses traits. "Docteur, c'est *son* enfant !"

Il la regarda – leurs regards se croisèrent, même alors. Ce ne fut qu'en un éclair. Brusquement, les halètements du bébé mourant devinrent horribles à voir. Les globes oculaires roulaient hideusement et semblaient sur le point de sortir de leurs orbites. Le petit coffre se soulevait et s'abaissait dans des efforts angoissants pour reprendre de l'air, tandis que dans sa lutte convulsive contre l'étouffement, le corps frêle se soulevait presque du matelas.

"Va-t'en", dit l'homme; "Tu ne peux rien faire."

Elle refusait de bouger. Elle l'appela frénétiquement.

"Aide le!" balbutia-t-elle.

"Il n'y a pas moyen."

"Vous, le docteur, dites-moi qu'il n'y a aucun moyen ?"

"Aucun."

"Mais *je* sais qu'il *existe* un moyen", s'écria-t-elle ; "Je peux sucer ce tube !"

"Marie ! Mon Dieu ! ça pourrait te tuer !"

Elle se jeta en avant, mais le conflit cessa lorsqu'il la tira en arrière. Une petite quantité de mucus avait été délogée par le paroxysme qu'elle avait produit. La nature avait fait – imparfaitement, mais quand même – ce que la science n'avait pas réussi à réaliser . Le garçon respirait.

L'épidémie a été suivie d'un épuisement complet, et encore une fois, il semblait que la vie était éteinte. Kincaid s'assura que cela persistait et se tourna vers elle gravement.

" Vous étiez sur le point de faire une chose méchante et insensée. Après ce qu'il a enduré, rien sous le Ciel ne peut sauver l'enfant ; vous devez le savoir. Au mieux, vous ne pouvez espérer prolonger la vie que pendant deux ou trois ans. " trois heures."

Des larmes coulaient sur ses joues.

« Seulement ! » dit-elle ; "Pensez-vous que ce n'est rien pour moi ? Encore une heure, et son père sera là - pour le trouver vivant ou mort. Pensez-vous que je ne peux pas imaginer - pensez-vous que je ne peux pas ressentir - ce qu'il *ressent* , là sur scène, comptant les secondes pour libérer ? Dans une heure, le rideau sera baissé et il se sera précipité ici en priant pour être à temps. S'il était révélé que je ne devrais rien faire d'autre que prolonger la vie en sacrifiant la mienne " Oui, fièrement, oui, fièrement, comme Dieu l'entend ! Vous n'auriez jamais pu m'en empêcher, rien n'aurait dû m'en empêcher. Je risquerais ma vie dix fois plutôt qu'il n'arrive trop tard. "

« Ceci, » murmura tristement l'homme qui l'aimait, « est-ce le retour que vous feriez pour son péché ?

"Non", dit-elle; "c'est l'expiation que j'offrirais pour le mien."

Il se tenait bêtement à la tête du lit ; la femme tremblait au pied. Mais ils ont vu le changement simultanément la minute suivante. Une fois de plus, le passage était devenu désespérément obstrué. Avec un cri brisé, elle se précipita vers le côté vide du lit. Cette fois, il ne put la retenir. Il a parlé.

"Arrêtez ! Infirmière Brettan , je vous ordonne de quitter la salle !"

La voix était impérative, et un instant elle hésita ; mais ce n'était qu'un instant. La femme avait vaincu l'infirmière, et elle était désormais plus forte. Elle jeta un regard mêlé de supplication et de défi, et, se jetant sur le lit, elle posa ses lèvres sur le tube.

CHAPITRE XIV

C'était l'œuvre d'un moment. Presque au moment où il s'avançait pour la retenir, elle s'était relevée et, enfouissant son visage dans un mouchoir, s'appuyait en tremblant contre le mur.

Kincaid la regarda, blanc et sévère, et un silence tendu s'ensuivit, brisé par elle.

« Vous pouvez me faire renvoyer, dit-elle ; il verra son enfant !

Il n'a rien répondu. La cruauté du discours qui ignorait et pervertissait tout ce qui était en dehors des intérêts de l'homme par lequel elle avait été lésée semblait être le dernier coup que sa douleur pouvait subir. Le sentiment de l'inégalité et de l'injustice dans la répartition de la vie l'envahissait. Considéré à la lumière de son ennemi vaincu, il se sentait aussi brisé, aussi éloigné du pouvoir et de la dignité, que si l'imputation avait été juste.

Elle reprit sa place ; et, attendant aussi longtemps que le devoir l'exigeait, il fit enfin quelque remarque. Répondit-elle avec contrainte. L'intervention de la pause était démontrée par leur ton, qui semblait plat et sourd. Il était reconnaissant quand il pouvait y aller ; et son départ n'était pas moins bienvenu pour la femme. Pour sa faiblesse réactionnaire, la suppression du contrôle était un baume. Il s'éloigna lourdement d'elle et elle rapprocha encore sa chaise du chevet.

Tony verrait son garçon ! Elle n'avait pas d'autre idée arrêtée, hormis celle, à contrecœur, qu'elle le rencontrerait quand il viendrait. La pensée qu'il entendrait parler de sa part dans l'affaire ne la réjouissait guère ; en effet, lorsqu'elle contemplait son illumination, elle était perturbée. Il apprendrait que sa confiance initiale en elle avait été justifiée, et il regretterait, piteusement désolé, pour tous les mots durs qu'il avait utilisés. Mais avec *elle*, il n'y avait pas grand-chose à gagner ; ce qu'elle avait fait était pour lui. Elle trouvait même humiliant que son acte soit connu de lui, humiliation que sa gratitude ne diminuerait en rien. Elle regarda la montre qu'elle avait mise en gage pour le loyer de sa mansarde après qu'il eut renoncé à elle, et détermina le temps qui s'écoulerait avant qu'il puisse arriver.

Le stress des dernières minutes ne pouvait pas engendrer une quelconque diminution de la méfiance. Mais peu à peu, à mesure que la réverbération de l'explosion s'estompait, elle se sentit plus tranquille qu'elle ne l'avait été depuis que la matrone l'avait rejointe plus tôt dans la soirée ; et la veillée se poursuivit avec le même soin. Archie mourrait, mais maintenant Tony serait présent. Les derniers instants ne se passeraient pas pendant qu'il simulait la misère ou la gaieté sur scène. L'horreur du sort évité, plus terrible encore pour l'esprit d'une femme que pour celui du père, faisait apparaître cette brève prolongation comme une aubaine presque inestimable.

Il était possible qu'il soit déjà là ; peu probable, peut-être, dans un avenir proche, mais possible, en supposant que le morceau « jouait vite » et qu'un taxi ait été ordonné de l'attendre à la porte. Elle écouta le roulement des roues au loin, mais le silence resta intact. Archie était aussi calme que lorsqu'elle était entrée. S'il n'y avait aucun autre obstacle pour épuiser plus rapidement les forces qui lui restaient, il semblait raisonnable de penser qu'il pourrait tenir deux heures.

Ses craintes quant au risque qu'elle courait étaient légères. Le danger qu'elle avait couru pouvait lui être fatal ; mais cela avait déjà été fait en toute impunité au moins une fois auparavant – elle se souvenait en avoir entendu parler. Tant que nous sommes en bonne santé, la contingence de la maladie nous paraît plus éloignée de nous-mêmes que de nos voisins ; dans son propre cas, un résultat sérieux semblait extrêmement improbable. Elle considérait que le bénéfice de sa témérité était acheté à bas prix. Cependant, personne ne savait mieux qu'elle combien d'attention complète était nécessaire, quelle vigilance de l'œil et de la main était essentielle par la suite ; et, assise là, son regard était fixé sur le garçon comme si elle cherchait à écouter chaque battement de son pouls.

Maintenant, un taxi s'est approché ; elle retint son souffle alors que le bruit approchait . Il s'arrêta, crut-elle, devant la porte de l'hôpital. Toujours le regard rivé sur l'enfant inconscient, elle tendit l'oreille pour entendre le pas de confirmation. Les secondes passèrent, se transformant en minutes, mais aucun pas ne retentit. L'espoir était faux ! Bientôt, on entendit de nouveau le taxi qui s'éloignait. Elle commença à être angoissée, alarmée. Compte tenu d'un calcul trop optimiste, il était temps qu'il soit là !... Le retard était inexplicable ; aucune conjecture n'a pu être formulée quant à son étendue. Ses doigts étaient entrelacés et délacés nerveusement sur ses genoux. Elle imaginait le grondement des roues dans le souffle du vent, tour à tour attentif et décontenancé. Le léger claquement d'une porte de chalet la fit sursauter. Dans la profondeur du silence qui s'étendait à chaque apaisement du bruit, elle semblait entendre les battements de son cœur.

En ville, une horloge sonna midi et l'appréhension frôla le désespoir. Les yeux fixés sur le garçon étaient maintenant désespérés ; elle se penchait sur lui pour contester l'avènement de la fin nuance par nuance. Jusqu'à présent , aucun changement n'a été constaté ; La chance de Tony, qui diminuait rapidement, n'était pas encore perdue. "Mon Dieu, mon Dieu ! Envoyez-le vite !" elle a prié. Tourmentée par l'impatience, torturée par la crainte que ce qu'elle avait fait ne soit, après tout, inutile, elle s'efforça d'élaborer une théorie pour la soutenir. Dans l'impossibilité d'exprimer son suspense dans l'action, la contrainte de sa posture lui paraissait presque une douleur physique.

L'horloge sonna une heure. L'idée lui vint soudain à l'esprit que la matrone avait hésité à le laisser se rendre dans la salle à son retour : il avait dû venir et repartir ! Elle avait tendu la main et son bras restait vaguement tendu. La consternation l'envahit. Si pendant dix secondes elle pensait à autre chose qu'à sa négligence à assurer son admission, elle croyait sentir le sang se glacer en elle de la tête aux pieds. Il était venu et reparti ! — elle était contrariée par sa propre négligence. La défaite paralysa la femme. Son exploit prit désormais un aspect de danger grave, renforcé par sa futilité. Elle se releva, l'âme faible. Ses services étaient instinctifs, mécaniques ; elle les reprenait, elle était assidue et vigilante ; mais elle paraissait poussée par quelque influence extérieure, le cerveau engourdi.

Tout à coup, une pensée nouvelle fit vibrer sa stupeur. Elle entendit sonner trois heures, et le garçon était toujours en vie ! Cet espoir ingérable la ramena à la sensation. Elle se disait que l'espoir était fou, fantastique, qu'elle serait folle de l' entretenir , mais l'excitation la frissonnait ; elle était tendue par l'intensité de ce qu'elle hésitait à posséder. Chaque seconde qui pouvait apporter la fin et pourtant la retenir, attisait faiblement l'espoir ; le passage de chaque minute lente et traînante étirait un suspense plus tendu . Elle redoutait le frémissement de ses cils qui cachait son visage, comme si l'étincelle de la vie pouvait disparaître à mesure que ses paupières tombaient. Entre les éternités, l'horloge lointaine sonnait les quarts d'heure à travers la ville endormie, et à chaque quart d'heure elle haletait : « Dieu merci ! et je me demandais si elle le remercierait le lendemain. Les heures se succédèrent. Le garçon s'attarda encore. Hagarde, elle soignait et elle regardait. La tristesse du point du jour faisait pâlir les aveugles devant le lit. Les stores devenaient plus transparents et l'espoir tremblait. Il y avait l'agitation du matin, du mouvement dans la rue ; l'aube les touchait faiblement, et l'espoir la retenait encore. Et le lever du soleil lui montra respirer à nouveau paisiblement – et alors elle sut que le Ciel avait fait un miracle et que l'enfant vivrait.

Ce cas est aujourd'hui cité parmi le personnel et les infirmières racontent encore comment Mary Brettan lui a sauvé la vie. L' *examinateur local* a consacré à l'affaire un tiers d'une chronique intitulée « Héroïsme d'une infirmière d'hôpital ». Et, réduit à cinq lignes, cela a été mentionné dans les journaux de Londres. M. Collins, de Pattenden, jeta un coup d'œil à l'article, après avoir expédié le jeune du prodigieux bâillement avec un demi-penny, et - se rappelant à quel point le nom de famille lui était familier - se demanda un instant ce que faisait cette femme qui ne pourrait jamais vendre ses livres.

C'est plus tard dans la matinée que Carew entra dans l'hôpital, alors que Kincaid traversait le couloir. Le portier entendit la réponse du médecin à une question balbutiée :

"Votre enfant est hors de danger. Je suis désolé de vous dire que l'infirmière Brettan a risqué sa vie pour lui."

Puis le visiteur tressaillit, s'arrêta net, hystérique, et le médecin passa, la mâchoire serrée.

Il avait peu parlé à Mary. Il était confronté à une reprise qu'il était impossible de prévoir, mais son émotion prédominante était la peur de son coût. De la matrone, elle entendit parler de la gratitude de Carew et reçut son message de supplication pour être autorisée à la voir. Cependant, il ne lui fut délivré qu'à son réveil, et alors il fut parti ; et le lendemain, sa réticence à avoir un entretien s'était accrue. Elle se contenta de la note qu'il lui envoya : une note écrite pour dire qu'il « ne savait pas écrire, que dans une lettre il ne trouvait pas les mots ». Elle le lut très lentement, et le livre tomba sur ses genoux, et elle resta assise à regarder le mur. Elle effaça la brume de ses yeux et relut les lignes encore et encore – longtemps après les avoir toutes connues par cœur.

Le lendemain, elle se leva avec une étrange raideur dans la gorge. Avec sa descente dans la salle, cela a augmenté. Et elle avait peur. Mais au début , elle ne voulait pas en parler, car elle répugnait à ce que Kincaid le sache. Elle trouvait difficile de reprendre son souffle ; à midi, la difficulté ne devait plus être dissimulée. Elle se coucha – en protestation, mais sur ordre de Kincaid.

L'infirmière Brettan était devenue une patiente. Elle dit combien il était étrange de se retrouver dans une pièce familière de cette manière peu familière. L'infirmière dont elle avait relevé la garde d'Archie fut choisie pour s'occuper d'elle ; et Mary la plaisantait faiblement sur sa tâche.

" Ce sort devrait être un bon patient, Sophie ! Si je suis une nuisance, tu peux me secouer. "

Mais à Kincaid, elle parla avec plus de sérieux maintenant que le signal de danger était affiché.

"Vous avez fait tout ce que vous pouviez pour m'arrêter, docteur. Quoi qu'il arrive, vous vous en souviendrez ! Vous avez fait tout ce qui était bien, et moi aussi."

« Ne dites pas de bêtises sur les « événements », infirmière ! il a dit; "Nous voudrons que vous soyez de nouveau debout et au travail directement."

Néanmoins, son état empirait à mesure que l'enfant devenait plus fort ; et pendant quinze jours, l'homme qui l'aimait souffrait une douleur plus vive à chaque fois qu'il répondait : « C'est nul ! Et l'homme qu'elle aimait cherchait quotidiennement de ses nouvelles lorsqu'il appelait pour voir les progrès de son garçon. Elle avait l'habitude d'entendre ses demandes, de tourner sa tête sur l'oreiller et de rester longtemps allongée très silencieusement. Son dégoût de le rencontrer avait disparu et elle avait envie qu'il vienne à elle. Mais maintenant, elle ne pouvait pas se résoudre à le laisser faire, parce que son cou et son visage étaient si enflés et disgracieux, et sa voix s'était réduite à un murmure qui n'était pas agréable à entendre.

Alors tout espoir fut perdu : on sut qu'elle était mourante. Et un matin, l'infirmière lui dit :

"Peut-être que cet après-midi tu aimerais le voir ? Il a encore demandé."

"Cet après midi?" Ses yeux s'éclairèrent momentanément, mais la honte de son manque de beauté lui revint et elle soupira. "Donne-moi... le verre, Sophie... il y a une chérie !" Elle leva les yeux vers son reflet dans l'étroit miroir incliné au-dessus du lit. « Non, » dit-elle faiblement, « pas cet après-midi. Peut-être demain.

La jeune fille reposa le verre sans parler. Et un regard interrogateur la suivit jusqu'à son départ.

Lorsque Kincaid est arrivé, Mary lui a demandé combien de temps il lui restait à vivre.

Il était rongé par une nuit d'agonie – une nuit dont le personnel avait observé et étonné les marques.

"Combien de temps?" elle a demandé; "Je sais que je ne peux pas aller mieux. Quand est-ce que ça va se passer ?" Il serra les dents pour réprimer les contractions de sa bouche. "Ce n'est pas *maintenant* ?"

"Non, non," dit-il. "Tu ne devrais pas, tu *ne dois pas* t'effrayer comme ça !"

"Aujourd'hui?"

"Pas aujourd'hui," répondit-il d'une voix rauque, "je le crois honnêtement."

"Demain?"

"Marie!"

"Demain?" » plaida-t-elle dans le même murmure douloureux. — Dis -moi la vérité. Et demain ?

"Je pense que demain tu sauras peut-être combien je t'aimais."

Elle ne bougeait pas ; et il s'était détourné. Il remarqua qu'il pleuvait et que les gouttes éclaboussaient le rebord de la fenêtre.

«Je n'ai pas vu», murmura-t-elle; "Je pensais que tu avais oublié."

"Non", dit-il; "Tu n'as jamais vu. Ça n'a pas d'importance ; je sais maintenant que ça n'aurait jamais servi à rien. Chut, chérie ; ne parle pas ; c'est si mauvais pour toi !"

"Je suis désolé. Mais j'étais *à lui* avant que tu viennes. Je ne pouvais pas. N'est-ce pas ?"

"Non, bien sûr. Ne vous inquiétez pas, ne vous inquiétez pas, pour l'amour de Dieu ! Il n'y a pas de quoi être désolé. Il faut que j'aille dans la salle suivante, je vous verrai cet après-midi. Essayez de dormir un peu, je ne le ferai pas." toi?"

Il sortit en disant un mot à la nourrice qui revint ; et Marie resta silencieuse.

A présent, elle dit :

"Sophie, oui, cet après-midi."

Quelque chose dans la voix sursauta ; la jeune fille déglutit avant de parler :

"Très bien ! il entendra dès qu'il viendra."

"N'oublie pas."

"Je n'oublierai pas, mon pote, tu peux en être sûr."

"Merci, Sophie. Je suis tellement fatiguée."

La pluie tombait toujours. Elle l'entendit souffler contre les vitres et resta à l'écouter, se demandant si cela l'éloignerait. Puis ses pensées dérivèrent ; et elle a dormi.

Lorsque Kincaid revint, il prit la place de Sophie et resta assis à regarder jusqu'à ce que la silhouette bouge. Les yeux s'ouvrirent vaguement sur lui.

"J'ai dormi ?"

"Oui."

"Est-ce qu'il est très tard ?"

"Il est environ trois heures, je pense... Juste trois."

"Ah!" dit-elle avec soulagement.

Elle ferma à nouveau les yeux et il y eut une longue pause. Il couvrit sa main nerveuse de la sienne.

« Ne vous affligez pas, » murmura-t-elle ; "ça ne fait pas mal."

"Oh, ma chérie, ma chérie ! Toi et ma mère aussi, impuissantes face aux deux !"

"Les nombreuses," dit-elle faiblement, "pensez à toutes celles que vous avez traversées. Vous avez... été très gentil avec moi... très bon."

À son grand désespoir, il semblait que depuis qu'ils s'étaient rencontrés, elle lui avait dit cela. C'était le salaire qu'elle avait cédé, l'atome que son dévouement lui avait toujours arraché : elle le trouvait « bon » !

Et alors même qu'elle disait cela, son empressement reçut le pas qu'elle attendait ; et elle se blottit plus bas sur l'oreiller, essayant de cacher sa défiguration à la vue.

« Mary, » dit Kincaid, « vous ne vous souciez pas de moi ; mais me laisserez-vous vous embrasser sur le front, pendant que vous le savez ? »

Un sourire, un sourire de tendresse merveilleusement nouveau et étrange pour lui, irradiait son visage ; et, se retournant, il vit que l'autre homme était entré.

LA FIN

www.ingramcontent.com/pod-product-compliance
Lightning Source LLC
LaVergne TN
LVHW042115190726
843493LV00006B/1489